U0584218

多媒体环境下我国电子商务发展现状及对策研究

郁瑞晓 ◎ 著

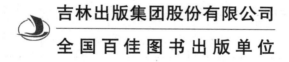

吉林出版集团股份有限公司

全国百佳图书出版单位

图书在版编目（CIP）数据

多媒体环境下我国电子商务发展现状及对策研究 /
郁瑞晓著. -- 长春：吉林出版集团股份有限公司,
2022.5
　　ISBN 978-7-5731-1483-9

　　Ⅰ．①多… Ⅱ．①郁… Ⅲ．①电子商务－经济发展－
研究－中国 Ⅳ．①F724.6

中国版本图书馆CIP数据核字(2022)第070104号

DUOMEITI HUANJING XIA WO GUO DIANZI SHANGWU FAZHAN XIANZHUANG JI DUICE YANJIU

多媒体环境下我国电子商务发展现状及对策研究

著　　者　郁瑞晓
责任编辑　田　璐
装帧设计　朱秋丽
出　　版　吉林出版集团股份有限公司
发　　行　吉林出版集团青少年书刊发行有限公司
地　　址　吉林省长春市福祉大路 5788 号
电　　话　0431-81629808
印　　刷　北京昌联印刷有限公司
版　　次　2022 年 5 月第 1 版
印　　次　2022 年 5 月第 1 次印刷
开　　本　787 mm×1092 mm　　1/16
印　　张　10.25
字　　数　206千字
书　　号　ISBN 978-7-5731-1483-9
定　　价　58.00元

前　言

　　电子商务是指组织或者个人用户在以通信网络为基础的计算机系统支持下的网上进行商务活动。基于互联网的电子商务有着广大的消费用户群、新型的商务通信通道、低廉的营销费用和高效率的营销方式，为广大企业的各种经济活动和人们的日常生活提供了便利。电子商务中的交易双方交流的网络平台大多直接以万维网（Web）页面的形式呈现，企业利用制作精良、内容丰富的 Web 页面吸引网上购物者关注自己的商品，购物者则通过网页了解商品的众多信息，可以避免盲目购物。这一过程的顺利进行需要由多媒体技术提供全方位的支持。运用多媒体技术可以提高电子商务中网页的质量，提供大量关于交易商品的文字、图片、音频、视频等多种形式的信息，其内容既可以包括商品的价格和性能，也可以展示商品的外形，更可以以生动的视频方式形象地介绍商品及其使用方法等。

　　随着多媒体技术的发展，在电子商务活动中经常要运用大量视听媒体信息，这些视听媒体信息一般数据量较大，如下载到客户端再浏览则需要较长时间，这样便给获取信息带来延时、等待的不便，影响了电子商务中信息流的通畅，使多媒体技术在电子商务中的运用受到限制。随着科技的进步，出现了流媒体技术，对于这些大数据量的多媒体信息，就主要采用流媒体技术进行传输。

　　总之，随着多媒体技术的不断发展进步，电子商务中对多媒体技术的应用越来越广泛。流媒体技术的发展解决了多媒体技术的大数据传输问题，使得多媒体技术对电子商务的促进作用发挥得更加充分，使电子商务的迅速发展，形成一种欣欣向荣的商业形式，为众多的企业带来利润，为众多的顾客带来方便和实惠。未来，多媒体技术与电子商务活动将更加紧密地结合在一起。

目 录

第一章　电子商务概述

随着互联网的兴起，电子商务在短短的 10 年间已经对传统的商业社会产生了根本性的影响，改变了传统商业社会的活动规则，进而影响了整个社会的各个领域，引发了一系列重要变革。电子商务不仅影响了传统商品贸易的环境，也对企业的生产管理和商品流通产生了影响，更重要的是电子商务将改变人们的传统生活模式。大力发展电子商务，对于我国贯彻以信息化带动工业化的方针，实现跨越式发展，增强国家竞争力，具有十分重要的战略意义。

第一节　电子商务的概念

一、电子商务的定义

事实上，到目前还没有一个较为全面的、具有权威性的、能够为大多数人所接受的电子商务的准确定义。人们按照各自的理解为电子商务加上了各种注解。专家学者、政府部门、行业协会和 IT 公司从不同角度提出了各自的见解。这些定义各有不同的出发点与含义。下面是一些有代表性的定义。

定义 1：电子商务是由互联网创造的电脑空间（Cyber Space）超越时间和空间的制约，以极快的速度实现电子式商品交换。

定义 2：电子商务是通过电子方式，并在网络基础上实现物资、人员过程的协调，以实现商业交换活动。

定义 3：电子商务是在计算机与通信网络的基础上，利用电子工具实现商业交换和行政作业的全部过程。

定义 4：电子商务是一组电子工具在商务中的应用。这些工具包括电子数据交换（Electronic Data Interchange，EDI）、电子邮件（E-mail）、电子公告系统（BBS）、条码（Barcode）、图像处理、智能卡等。

定义 5：《中国电子商务蓝皮书 2001》认为，电子商务指通过互联网完成的商务交易。

交易的内容可分为商品交易和服务交易，交易是指货币和商品的易位，交易要有信息流、资金流和物流的支持。

定义 6：美国政府在其《全球电子商务纲要》中比较笼统地指出：电子商务是指通过互联网进行的各项商务活动，包括广告、交易、支付、服务等活动，全球电子商务将会涉及全球各国。

定义 7：加拿大电子商务协会给电子商务的定义是：电子商务是通过数字通信进行商品和服务的买卖以及资金的转账，它还包括公司间和公司内利用 E-mail、EDI、文件传输、传真、电视会议、远程计算机联网所能实现的全部功能（如：市场营销、金融结算、销售以及商务谈判）。

定义 8：欧洲经济委员会在比利时首都布鲁塞尔举办了全球信息社会标准大会，会上明确提出了电子商务的定义：电子商务是各参与方之间以电子方式而不是以物理交换或直接物理接触方式完成任何形式的业务交易。这里的电子方式包括电子数据交换、电子支付手段、电子订货系统、电子邮件、传真、网络、电子公告系统条码、图像处理、智能卡等。

定义 9：世界贸易组织（World Tourism Organization，WTO）认为，电子商务是通过电子方式进行货物和服务的生产、销售、买卖和传递。这一定义奠定了审查与贸易有关的电子商务的基础，也就是承认关贸总协定（General Agreement on Tariffs and Trade，GATT）的多边贸易体系框架。

定义 10：国际商业机器公司（IBM）提出了一个电子商务的定义公式：电子商务=Web+IT。它所强调的是在网络计算环境下的商业化应用，是把买方、卖方、厂商及其合作伙伴在互联网（Internet）、企业内部网（Intranet）和企业外部网（Extranet）结合起来的应用。

定义 11：惠普提出电子商务以现代扩展企业为信息技术基础架构，电子商务是跨时域、跨地域的电子化世界：E-World，EW=EC（Electric Commerce 电子商务）+EB（Electric Business 电子业务）+EC（Electric Consumer 电子用户）。惠普电子商务的范畴按定义包括所有可能的贸易伙伴：用户、商品和服务的供应商、承运商、银行保险公司以及所有其他外部信息源的收益人。

以上定义分别出自中外专家、知名公司、电子商务协会、国际组织和政府部门，从中不难看出，这些定义使人们从不同角度各抒己见。从宏观角度讲，电子商务是计算机网络的第二次革命，是通过电子手段建立一个新的经济秩序，它不仅涉及电子技术和商业交易本身，而且涉及诸如金融、税务、教育等社会其他层面；从微观角度说，电子商务是指各种具有商业活动能力的实体（生产企业、商贸企业、金融机构、政府机构、个人消费者等）利用网络和先进的数字化传媒技术进行的各项商业贸易活动。一次完整的商业贸易过程是复杂的，包括交易前了解商情、询价、报价，发送订单、应答订单，发送接收送货通知、取货凭证、支付汇兑过程等，此外还有涉及行政过程的认证等行为。电子商务涉及资金流、物质流、信息流的流动。严格地说，只有上述所有贸易过程都实现了无纸贸易，即全部是非人工介入，使用各种电子工具完成，才能称之为一次完整的电子商务过程。

从广义上讲，电子商务不仅包括企业间的商务活动，还包括企业内部的商务活动，如生产、管理、财务等，它不仅是硬件和软件的结合，而且是把买家与卖家、厂家与合作伙伴在 Internet、Intranet 和 Extranet 上利用 Internet 技术与原有的系统结合起来进行业务活动，在网络化的基础上重塑各类业务流程，实现电子化、网络化的运营方式。从这个意义上讲，电子商务所指的商务不仅包含交易，而且涵盖了贸易、经营、管理、服务和消费等各个业务领域，其主题是多元化的，功能是全方位的，涉及社会经济活动的各个层面。

从最初的电话、电报，到电子邮件以及 20 多年前就开始应用的电子数据交换技术，都可以说是电子商务的某种形式。发展到今天，人们提出了通过网络实现包括从原材料的查询、采购、产品的展示、订购到产品制造、储运以及电子支付等一系列贸易活动在内的完整电子商务的概念。

一般而言，电子商务应包含以下五点含义：

一是采用多种电子方式，特别是通过 Internet；

二是实现商品交易、服务交易（其中含人力资源、资金、信息服务等）；

三是包含企业间的商务活动，也包含企业内部的商务活动（生产、经营、管理、财务等）；

四是涵盖交易的各个环节，如询价、报价、订货、支付、转账和售后服务等；

五是采用电子方式和形式，跨越时空、提高效率是主要目的。

综合以上分析，我们可以为电子商务做出如下定义：电子商务是具有各种商业活动能力和需求的实体（生产企业、商贸企业、金融企业、政府机构、个人消费者……）为了跨越时空限制，提高商务活动效率，而采用计算机网络和各种数字化传媒技术等电子方式实现商品交易和服务交易的一种贸易形式。

二、电子商务概念模型

电子商务的概念模型是对现实世界中电子商务活动的一般抽象描述，由电子商务实体、电子市场、交易事务和商流、信息流、资金流、物质流等基本要素构成。

在电子商务概念模型中，电子商务实体（简称为 EC 实体）是指能够从事电子商务活动的客观对象，它可以是企业、银行、商店、政府机构、科研教育机构和个人等；电子市场是指 EC 实体从事商品和服务交易的场所，它由各种商务活动参与者，利用各种通信装置，通过网络连接成一个统一的经济整体；交易事务是指 EC 实体之间所从事的具体的商务活动的内容，例如询价、报价、转账支付、广告宣传、商品运输等。

电子商务的任何一笔交易，都包含物流、资金流、商流和信息流。其中物流主要是指商品和服务的配送与传输渠道，对于大多数商品和服务来说，物流可能仍然经由传统的营销渠道；然而对有些商品和服务来说，可以直接以网络传输的方式进行配送，如各种电子出版物、信息咨询服务、有价信息等（这里需要指出，有些学者认为，无形产品通过网络传输不属于物流范畴）。资金流主要是指资金的转移过程，包括付款、转账、结算、兑换等过程。商流指商品和服务所有权的转移，它的标志是提货单、房产证等法律文书。信息流既包括商品信息的提供、促销行销、技术支持、售后服务等内容，也包括诸如询价单、报价单、付款通知单、转账通知单等商业贸易单证，还包括交易方的支付能力、支付信誉和中介信誉等。

从电子商务概念模型不难看出，电子商务实质上是电子商务实体围绕交易事务、通过电子市场发生的经济活动关系，这些经济活动关系是通过物流、资金流、商流、信息流产生的。电子商务区别于传统商务的一个重要方面就是"电子市场"取代了传统的有形市场。对于每个 EC 实体来说，它所面对的是一个电子市场，它必须通过电子市场来选择交易的内容和对象。因此，电子商务的概念模型可以抽象地描述为每个 EC 实体和电子市场之间的交易事务关系。

人类最早是采取"以物易物"的商品交换方式，此时没有资金流，商品所有权的转换是"紧紧伴随着物资流的转换而发生的"。随着货币的产生，人类的交易链出现了第一层中介——货币，人们开始用钱来买东西，不过这时是"一手交钱，一手交货"，商品所有权的转换仍然是紧随物资流的，不过是以货币为媒介的，这个阶段由于生产力的发展和社会分工的出现，信息流开始表现出来。再后来随着社会分工的日益细化和商业信用的发展，专门为货币做中介服务的第二层中介出现了。它们是一些专门的机构，像"银行"，它们所从事的是货币中介服务和货币买卖，由于它们的出现，物资流和资金流开始分离，产生了多种交易付款方式：交易前的预先付款，交易中的托收、支票、汇票，交易后付款，如分期付款、延期付款。这就意味着商品所有权的转换和物资流的转换脱离开来，这种情况下，信息流的作用就凸显出来。因为这种分离带来了一个风险问题，要规避这种风险就得依靠获取尽可能多的信息，比如：对方的商品质量信息、价格信息、支付能力、支付信誉等。事实上，仔细分析一下，每一层中介的引入方便我们更好更多地做更大贸易的同时，还引入了新的信用风险并完成了信用风险的转移和分担，这一点我们将在介绍中介机构时详细讨论。

随着电子技术和网络的发展，电子中介作为一种工具被引入了生产、交换和消费中，人们做贸易的顺序并没有变，还是要有交易前、交易中和交易后几个阶段。但这几个阶段中人们进行联系和交流的工具变了，比如以前我们用纸面单证，现在改用电子单证。这只是一个最简单的应用，但不要小看这种改变，因为，我们知道生产工具的变化必然会改变生产方式，犹如机器的出现使我们从手工业社会进入工业社会那样。而这种生产方式的变化必将形成新的经济秩序，在这个过程中，有的行业会兴起，有的行业会没落，有的商业形式会产生，有的商业形式会消失，这就是我们称电子商务是一次社会经济革命的原因。仅从交换这个范围来看，电子工具是通过改变中介机构进行货币中介服务的工具而改变了其工作方式，从而使它们产生了新的业务，甚至出现新的中介机构。这个阶段的一个重要特点就是信息流处于一个极为重要的地位，它在一个更高的位置对商品流通的整个过程进行控制。所以我们可以认为电子商务是与现代社会正逐步兴起的信息经济密不可分的。

三、电子商务的内涵

（一）电子商务的前提

电子商务的目标是商务，而电子商务的前提应该是电子信息技术，具体应该是指现代信息技术，包括计算机技术、数据库技术、网络技术尤其是互联网技术。电子商务与传统商务活动的最主要区别就在于电子商务利用了现代信息技术来完成商务活动，而传统商务活动是依赖人与人之间的直接交流来实现商务活动的。

（二）电子商务的核心

电子商务的核心是人。电子商务虽然采用电子工具进行商务活动，但是围绕商品交易活动以及各种利益关系所组成的社会系统的中心还是人。现代社会的人掌握了电子信息技术，使其应用于商务活动，这个商务活动是为人服务的，也是由人来掌握和控制的。电子商务活动需要大量复合型的人才，既掌握现代商务理论知识，又掌握现代信息技术，才能使电子商务更好地为社会服务。

（三）电子商务的基础

电子商务的基础是信息化应用，也就是电子工具的应用。电子商务活动使用的是现代信息技术，尤其是网络技术。现代信息技术在应用领域表现为各种为企业经营活动、交易活动服务的信息化工具，如电子支付与结算、商品配送、售后服务等信息管理系统，及其应用的渠道如互联网、局域网、外联网、广域网等。

（四）电子商务的对象

电子商务的对象是指从事电子商务活动的客观实体，包括企业（生产商和中间商，可以概括为 Business）、客户（个人和机构客户，概括为 Customer）以及政府（Government），它们是电子商务的实际参与者。

电子商务的研究对象，则包括电子商务活动的全部流程和构成要素，以及这些内容相互之间的关系。具体包括电子商务的作用对象、电子商务媒介、电子商务流程以及电子商务过程中的信息流、资金流、物流和商流。

四、电子商务的业务流程

同传统的商务活动相比，电子商务活动的基本过程并没有省略，只是改变了方式和媒介。下面介绍电子商务的基本业务流程。

（一）交易前的准备

这一阶段主要是指买卖双方和参加交易各方在签约前的准备活动。对采购方来说，应根据自己要买的商品，准备购货款，制订购货计划，进行货源市场调查和市场分析，查询市场价格行情；如果是进口贸易，还要了解供货方国家的贸易和关税政策，充分利用互联网寻找自己满意的商品和商家。对招标方来说，应该公布招标信息，制订标书，在网络招标平台上确定开标评标方案；对销售企业来说，应根据自己所销售的商品，全面进行市场调查和分析，了解产品销售目标国的贸易和关税政策，制订营销策略和销售方案，建立网站，利用互联网发布商品广告，寻找贸易伙伴和交易机会，逐步扩大贸易范围和商品所占市场的份额；对拍卖方来说，应该在拍卖网站登记注册，明确拍卖条件、交货方式，有的拍卖网站还要求将标的物寄存在网站并进行估价。

（二）交易谈判和签订合同

这一阶段主要是指买卖双方对所有交易细节进行谈判，将双方磋商的结果以文件的形式确定下来，即以书面文件形式和数据电文形式签订贸易合同，将双方在交易中的权利、所承担的义务以及所购买商品的种类、数量、价格、交货地点、交货期、交易方式和运输方式、违约和索赔等合同条款做出全面详细的规定。合同双方可以利用电子数据交换进行签约，并可以通过数字签名等方式进行确认。招投标网站完成开标和评标，通知中标方与招标方签订合同。在网上商店购物，顾客要填写购物订单，确定付款方式，明确配送方式与送货地点。

（三）办理交易进行前的手续

这一阶段主要是指买卖双方签订合同后到合同开始履行之前办理各种手续的过程，也是双方贸易前的交易准备过程。交易中要涉及有关各方，如中介方、银行金融机构、海关系统、商检系统、保险公司、税务系统、运输公司等，买卖双方要利用电子数据交换各种电子票据和电子单证，开立信用证，直到办理完所购商品从卖方按合同规定开始向买方发货的一切手续为止。

（四）交易合同的履行

这一阶段从买卖双方办完所有手续之后开始，卖方要根据订单将生产任务下达到每个生产及原料采购环节，组织生产、组货，然后将商品交付给运输公司包装、起运、发货；银行金融机构也按照合同进行货款结算，出具相应的银行单据等，直到买方收到自己所购商品，这就完成了整个交易过程。对于网络零售和拍卖企业，网站要根据顾客的购物订单，通过配送中心将指定货物送交客户。

（五）交易后的售后服务

这一阶段主要是指企业帮助客户解决产品使用中的问题，排除技术故障，提供技术支持。传递产品改进或升级的信息，处理客户对产品与服务的反馈信息。

五、电子商务信息流、资金流和物流的相互关系

宏观经济理论从经济要素的社会作用出发，提出了现代社会经济系统中主要有三个"流"的概念。这三个流就是信息流、资金流和物流。三个流对社会经济系统的作用各不相同，因此，它们之间在功能上并非相互替代的关系，而是共生与整合、依存与互动的关系。

（一）信息流、资金流和物流的概念

信息是客观世界中各种事物的变化和特征的反映，是客观事物之间相互联系的表征，它包括各种消息、情报、信号、资料等，也包括各类科学技术知识。信息流是电子商务交易各个主体之间的信息传递与交流的过程。经济信息的流动是经济活动的重要组成部分，是对持续不断、周而复始的商品流通活动的客观描述，是资金流、物流运动状态特征的反映。资金流是指资金的转移过程，包括支付、转账、结算等。资金的加速流动具有财富的创造力。商务活动的经济效益是通过资金的运动来体现的。物流是人们的商品交易行为而形成的物质实体的物理性移动过程，它由一系列具有时间和空间效用的经济

活动组成，包括包装、存储、装卸、运输、配送等多项基本活动。在信息技术高速发展的今天，物流作为物质实体从供应者向需求者的物理性移动，依然是社会再生产过程中不可缺少的中间环节。

近年来，全球经济一体化的进程明显加快，用户对信息流、资金流和物流的流通速度提出了更高要求。高速的信息流，则将导致高速的物流，这突出表现为对物流服务需求的高标准和多样化。运用电子流代替实物货币和票据流通，能够最大限度地发挥资金的有效使用功能，是提高全社会经济效益的理想途径。

（二）信息流、资金流和物流的相互关系

信息流、资金流和物流的形成是商品流通不断发展的必然结果。它们在商品价值形态的转化过程中有机地统一起来，共同完成商品的生产—分配—交换—消费—生产的循环。由信息流提供及时准确的信息，由资金流有计划地完成商品价值形态的转移，由物流根据信息流和资金流的要求完成商品使用价值即商品实体的转移过程，"三流"构成了商务活动中不可分割的整体，一同完成商品流通的过程。

物流进行的是一个正向的流程，即从原材料供应商到制造商，再经经销商或配送中心到顾客；而资金流进行的是一个反向的流程，即从顾客到经销商，到制造商，再到原材料供应商；信息流进行的是双向流程，电子商务各个交易主体之间不断进行信息的双向传递与交流。三者的关系可以表述为：以信息流为依据，通过资金流实现商品的价值，通过物流实现商品的使用价值。物流应是资金流的前提和条件，资金流应是物流的依托和价值担保，并为适应物流的变化而不断进行调整，信息流对资金流和物流运动起指导和控制作用，并为资金流和物流活动提供决策的依据。

在电子商务活动中，信息流、资金流和物流本身又是相互独立的。它们无论在时间上或渠道上都是可以分离的，流动的次序也没有固定的模式。图1显示了信息流、资金流和物流的流通渠道。

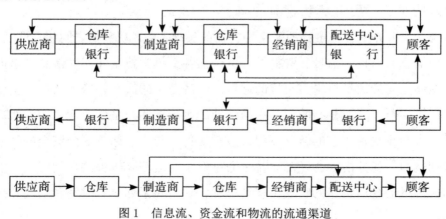

图1　信息流、资金流和物流的流通渠道

六、电子商务与注意力经济

"注意力经济"这一概念是随着国际互联网的发展而产生的。最早提出"注意力经济"这一概念的是美国经济学家迈克尔·戈德海伯，他是于1997年在美国著名的《热线杂志》（*Hot Wired*）发表的一篇题为《注意力购买者》的文章中提出来的。他指出，在以计算机网络为基础的信息社会中，面对浩如烟海的信息，对人们来说，信息已不再是一种稀缺的资源，而是相对地过剩，稀缺的是人的注意力，因此，目前以网络为基础的新经济的实质就是"注意力经济"。他认为，在新经济时代最重要的资源不再是传统意义上的货币资本，也不是信息本身，而是注意力。

所谓注意力，是指人的心理活动指向和集中于一定对象的能力，也即一个人关注一个主题、一个事件、一种行为和多种信息的持久尺度。对每一个人来说，注意力都是一种无形、有限、不可替代和不可分享的心理资源，也是人们从事任何活动都必须投入的要素。人的注意力是有限的，相对于无限的信息来说是稀缺的，因此，在互联网上人们的注意力是非常有价值的。注意力具有以下基本特性：

一是选择性。尽管一个人每天都要从各种渠道获取大量的信息，但都只能对一小部分的信息产生兴趣。

二是集中性。对产生兴趣的事物，人们会集中注意力对其进行关注。例如，当消费者对某种商品感兴趣时，必然会对其重点关注。

三是排他性。人脑与电脑的显著不同是：电脑是并行的信息处理系统，可以同时执行各种程序；而人脑是串行信息处理系统，在一定时间内只能处理特定的信息。因此，假如消费者的注意力集中在某类商品时，其他的商品都被排除在外了。

诺贝尔经济奖获得者赫伯特·西蒙曾说过：随着互联网的发展，有价值的不再是信息，而是注意力。在信息社会里，硬通货不再是美元，而是关注的程度。全球每4分钟便有一个新的网站诞生，如何在众多网站中脱颖而出，赢得网民的青睐变得至关重要。因此研究人的注意力的规律，吸引别人的更多注意力，将成为互联网上商业竞争的着重点。

注意力本身就是财富，戈德海伯说："获得注意力就是获得一种持久的财富。在新经济下，这种形式的财富使你在获取任何东西时都能处于优先的位置。财富能够延续，有时还能累加，这就是我们所谓的财产。因此，在新经济下，注意力本身就是财富。"注意力作为一种资源，有其独特之处。相比较而言，信息是可以准确计量的，而注意力的计算是模糊的；信息是由信息的产生者不断创造的，而注意力对于信息的浏览者却是有限的；信息产生后能创造多少价值是不确定的，而注意力却能直接产生价值。

"注意力经济"理论认为，公众的注意力是网站的最大资源，谁能吸引更多的关注谁就能拥有更大的价值，吸引更多的投资。英特尔公司前总裁格罗夫在一次引人入胜的演讲中提出过"争夺眼球"的观点。他认为整个世界将会展开"眼球"争夺战，谁能抓住更多的"眼球"（注意力），谁就能成为 21 世纪经济的主宰。但是注意力的拥有并不像传统的购买力资源那样易于保持。网站的任务不仅是吸引注意力，而且还需要把注意力保持住，也就是培养浏览者对网站的忠诚度。成功的电子商务企业不仅要具有知名度（注意力），同时还应该提高市场的信誉度。

第二节 电子商务的产生

一、电子商务的发展历史

从普遍的意义上讲，从电话、电报、传真的商业应用起，电子商务活动就开始出现了。由于当时商务活动信息流的电子化水平太低，所以还不是真正意义的电子商务。现代意义的电子商务经历了两个阶段：在专用网上的电子交易阶段和基于互联网的电子商务阶段。

（一）专用网上的电子交易阶段

从 20 世纪 60 年代末到 80 年代，部分大企业的计算机系统开始通过专用增值通信网络联系在一起，越来越多的企业间的交易信息开始通过网络传输，企业内部局域网也得到了一定范围的应用。这阶段可以称为电子商务的萌芽阶段。早在 20 世纪 70 年代，美国航空公司开发了计算机联网订票系统——SABRE，顾客可以在美国的各个公司的售票点、旅行社通过美国航空公司的计算机终端查询全国范围航班的时刻、票价、空位情况等信息，进而通过终端订票。同一时期，银行间采用安全的专用网络进行电子资金转账（EFT），即利用通信网络进行账户交易信息的电子传输，提高了资金转移的效率，改变了金融业的业务流程，这是电子商务最原始的形式之一。同时美国许多银行投入巨资研究和开发家庭银行。客户通过按键电话拨通银行，接听银行的语音服务提示。客户按电话上的数字键，可以查询账户余额、划账、付账。从 20 世纪 70 年代后期到 80 年代初期，电子商务以电子报文传送技术的形式得到推广。电子数据交换（EDI）使企业能够用标准化的电子格式与供应商交换商业单证（如订单）。电子报文传送技术减少了文字工作量，提高了自动化水平，简化了业务流程。可以说 EDI 在电子商务的发展历程中起着举足轻重的作用。1990 年，联合国正式推出了 EDI 的标准 UN/EDIFACT，并被国际标准化组织正式接受为国际标准 ISO9735，统一了世界贸易数据交换中的标准和尺度，为利用电子技术在全球范围内开展商务活动奠定了基础。

（二）基于互联网的电子商务阶段

20 世纪 90 年代初，美国政府宣布互联网向社会公众开放，电子商务进入快速发展阶段。1993 年，万维网诞生，使互联网具备了多媒体应用的能力。万维网为信息出版和传播方面的问题提供了简单易用的解决方案，带来了规模效应并降低了业务成本，它所带来的范围效应增强了企业业务活动的多样性。起初是一些技术公司，然后是越来越多的传统公司开始利用互联网进行商务活动。美国第一家在线银行——安全第一网络银行（www.sfnb.corn）于 1995 年出现在万维网上。客户可从世界各地通过万维网在该银行开设账户，进行付款、查询账户余额。这一阶段的特点是：大量企业开始在互联网上建立网站、促销产品、进行交易，上网人数与网上交易额迅速增加。

随着互联网的高速发展，电子商务显现了旺盛的生命力。在发达国家，电子商务的发展非常迅速，通过互联网进行交易已成为潮流。1996 年全球互联网用户不足 4000 万，到 2000 年 6 月已经达到了 2.6 亿以上，并且仍在迅速增长。报告还显示，截至 2021 年 1 月，全球手机用户数量为 52.2 亿，互联网用户数量为 46.6 亿，而社交媒体用户数量为 42 亿。报告显示，截至 2021 年 1 月，世界人口数量为 78.3 亿。据联合国报告称，这一数字目前正以每年 1% 的速度增长。

中国银行开发的网上银行（www.bank of china.corn）于 1997 年底建成。1998 年 3 月 6 日，我国国内第一笔互联网网上电子商务交易成功，它是由世纪互联通信技术有限公司和中国银行共同完成的。这标志着我国电子商务已开始进入实用阶段。1999 年 7 月，浙江省某企业成功地通过网上支付的形式采购了 200 万美元的设备材料。目前已经有越来越多的企业决策者将企业下一步发展的方向和注意力集中到电子商务上来。

二、电子商务的发展现状

2002 年 2 月 12 日，美国著名信息市场研究公司国际数据公司发表的一项报告预测，互联网普及的速度并未受到目前全球经济不景气的影响，2002 年底，全球网民人数超过 6 亿，全球电子商务规模将超过 1 万亿美元。报告指出，在 2000 年和 2001 年间，全球电子商务交易额增长了 68%，2001 年超过了 6000 亿美元。面对电子商务如此迅猛的发展趋势，著名预测公司弗雷斯特（Forrester）不得不将它对于 2002 年电子商务的预测由原来的 3270 亿美元改为 8427 亿美元。如今商业街上拥挤的购物人群已被网络上繁忙的购物信息流所代替。

　　我国电子商务活动开展时间不长，但发展态势很好。我国政府和有关主管部门对电子商务给予了高度的重视和积极的支持。目前我国 15 万家国有大中型企业中的 50% 左右已连入了互联网，其中一些企业拥有了自己的网站和 WWW 服务器，有进出口权的企业有一部分能熟练从事国际电子商务贸易业务。随着这几年我国计算机网络技术的蓬勃发展，一大批高科技信息管理人才得到培养和锻炼。这一切都是推动电子商务发展的有利条件和保证。互联网上的电子商务市场将发展成为最广泛和最快捷的市场。

　　2020 年 9 月 29 日，中国互联网络信息中心（CNNIC）发布第 46 次《中国互联网络发展状况统计报告》。报告显示，截至 2020 年 6 月我国网民规模达 9.40 亿，互联网普及率达 67.0%，较 2020 年 3 月提升 2.5 个百分点；其中农村网民规模为 2.85 亿，城镇网民规模为 6.54 亿。手机网民规模达 9.32 亿，网民使用手机上网的比例达 99.2%。调查显示，目前，大多数人在网上商店购买过商品或接受过服务，表明网上购物的消费模式占支配地位。

第三节　电子商务的功能和特性

一、电子商务的功能

　　建立在互联网上的电子商务不受时间和空间的限制，可以每天 24 小时不分区域地运行，在很大程度上改变了传统商贸的形式。电子商务可以在网上快速安全传输的数据信息电子流代替了传统商务的纸面单证和实物流的传送，对企业来讲，提高了工作效率，降低了成本，扩大了市场，必将产生可观的社会效益和经济效益。相对于传统商务，电子商务具有不可替代的功能及其优异的特点。

　　电子商务的主要功能是指电子商务通过 Internet 可提供在网上的交易和管理的全过程的服务，具有对企业和商品的广告宣传、交易的咨询洽谈、客户的网上订购和网上支付、电子账户、销售前后的服务传递、客户的意见征询、对交易过程的管理等各项功能。

（一）广告宣传

　　电子商务使企业可以通过自己的 Web 服务器、网络主页（Home Page）和电子邮件在全球范围内做广告宣传，在 Internet 上宣传企业形象和发布各种商品信息，客户用网络浏览器可以迅速找到所需的商品信息。与其他各种广告形式相比，在网上的广告成本最为低廉，而给顾客的信息量却最为丰富。

（二）咨询洽谈

电子商务使企业可借助非实时的电子邮件、新闻组（News Group）和实时的讨论组（chat）来了解市场和商品信息、洽谈交易事务，如有进一步的需求，还可用网上的白板会议（Whiteboard Conference）、电子公告板（BBS）来交流即时的信息。在网上的咨询和洽谈能超越人们面对面洽谈的限制、提供多种方便的异地交谈形式。

（三）网上订购

企业的网上订购系统通常都是在商品介绍的页面上提供十分友好的订购提示信息和订购交互表格，当客户填完订购单后，系统回复确认信息单，表示订购信息已收悉。电子商务的客户订购信息采用加密的方式使客户和商家的商业信息不会泄露。

（四）网上支付

网上支付是电子商务交易过程中的重要环节，客户和商家之间可采用信用卡、电子钱包、电子支票和电子现金等多种电子支付方式进行网上支付，采用在网上电子支付的方式节省了交易的时间。对于网上支付的安全问题现在已有实用的技术来保证信息传输安全性。

（五）电子账户

网上支付是指由银行、信用卡公司及保险公司等金融单位提供包含电子账户管理在内的金融服务，客户的信用卡号或银行账号是电子账户的标志，是客户所拥有金融资产的标志代码。电子账户通过客户认证、数字签名、数据加密等技术措施的应用保证操作的安全性。

（六）服务传递

电子商务通过服务传递系统将客户所订购的商品尽快地传递到已订货并付款的客户手中。对于有形的商品，服务传递系统可以通过网络对在本地或异地的仓库或配送中心进行物流的调配，并通过物流服务部门完成商品的传送；而无形的信息产品如软件、电子读物、信息服务等则立即从电子仓库中将商品直接传递到用户端。

（七）意见征询

企业的电子商务系统可以采用网页上的"选择""填空"等形式及时搜集客户对商品和销售服务的反馈意见，这些反馈意见能提高网上、网下交易的售后服务水平，使企业获得改进产品、发现新市场的商业机会，使企业的市场运作形成一个良性的封闭回路。

（八）交易管理

电子商务的交易管理系统可以借助网络快速、准确收集大量数据信息，利用计算机系统强大的处理能力，针对与网上交易活动相关的人、财、物、客户及本企业内部事务等各方面进行及时、科学、合理的协调和管理。

电子商务的上述功能，对网上交易提供了一个良好的交易服务和实施管理的环境，使电子商务的交易过程得以顺利和安全地完成，并可以使电子商务获得更广泛的应用。需要指出的是，这里所述的电子商务的功能只是电子商务的直接功能，其他一些衍生的功能没有阐述，如电子商务促进产业结构合理化功能等。

二、电子商务的特点

电子商务在全球各地通过计算机网络进行并完成各种商务活动、交易活动、金融活动和相关的综合服务活动。在一个不太长的时间内，电子商务已经开始改变人们习以为常的各种传统贸易活动的内容和形式。相对于传统商务和 EDI 商务，电子商务表现出以下几个突出的特点。

（一）电子商务的结构性特点

电子商务涉及电子数据处理、网络数据传输、数据交换和资金汇兑等技术；在企业的电子商务系统内部有导购、订货、付款、交易与安全等有机地联系在一起的各个子系统；在交易中经历商品浏览和订货、销售处理和发货、资金支付和售后服务等环节。电子商务业务的开展由消费者、厂商、运输、报关、保险、商检和银行等不同参与者通过计算机网络组成一个复杂的网络结构，相互作用，相互依赖，协同处理，形成一个相互密切联系的、连接全社会的信息处理大环境。在这个环境下，简化了商贸业务的手续，加快了业务开展的速度，最重要的是规范了整个商贸业务的发生、发展和结算过程，从根本上保证了电子商务的正常运作。

（二）电子商务的动态性特点

电子商务交易网络没有时间和空间的限制，是一个不断更新的系统，每时每刻都在进行运转。网络上的供求信息在不停地更换，网上的商品和资金在不停地流动，交易和买卖的双方也在不停地变更，商机不断地出现，竞争不停地展开。正是这种物质、资金和信息的高速流动，使得电子商务具有了传统商业所不可比拟的强大生命力。

（三）电子商务的社会性特点

电子商务的最终目标是实现商品的网上交易，但这是一个相当复杂的过程，除了要应用各种有关技术和其他系统的协同处理来保证交易过程的完成，还涉及许多社会性的问题。例如商品和资金的流转方式变革，法律的认可和保障，政府部门的支持和统一管理，公众对网上电子购物的热情和认可等。所有这些问题全都涉及社会，不是一个企业或一个领域就能解决的，需要全社会的努力和整体的实现，才能最终将电子商务潜在的优越性转变为现实的生产力。

（四）电子商务的层次性特点

电子商务具有层次结构性特点。任何个人、企业、地区和国家都可以建立自己的电子商务系统，这些系统本身都是一个独立的、完备的整体，都可以提供从商品的推销到购买、支付全过程的服务。但是这样的系统又是更大范围或更高一级的电子商务系统的一个组成部分。因此，在实际应用中，常将电子商务分为一般电子商务、国内电子商务和国际电子商务等不同的级别。另外，也可以从系统的功能和应用的难易程度对电子商务进行分级，较低级的电子商务系统只涉及基本网络、信息发布、产品展示和货款支付等，各方面的要求较低；而用于进行国际贸易的电子商务系统不仅技术要求高，而且要涉及税收、关税、合同法以及不同的银行业务等，结构也比较复杂。

三、电子商务的优势

（一）时空优势

传统的商务是以固定不变的销售地点（商店）和固定不变的销售时间为特征的店铺式销售。Internet 上的销售通过以信息库为特征的网上商店进行，所以网上商店的销售空间随网络体系的延伸而延伸，没有任何地理障碍。它的零售时间是由消费者即网上用户自己决定的。因此，Internet 上的销售相对于传统销售模式具有全新的时空优势，这种优势可在更大程度、更大范围上满足网上用户的消费需求。事实上 Internet 上的购物已没有了国界，也没有了昼夜之别。

（二）速度优势

电子商务具有极大的速度、效率优势。首先，电子商务可以加快生产流通速度。例如，一个产品的生产是许多企业相互协作的成果，因此，产品的设计开发和生产销售可能涉及许多关联的企业，通过电子商务可以改变过去的信息封闭的分阶段合作方式为信息共享的协同工作，从而最大限度减少因信息封闭而出现等待的时间。其次，电子商务提供了更快捷的服务，通过浏览网页，就可以获得产品信息，接受企业提供的服务，速度优势是传统商务所不能相比的。

（三）成本优势

与传统的商务相比，利用 Internet 渠道可避开传统商务渠道中许多中间环节，降低流通费用、交易费用和管理成本，并加快了信息流动的速度。事实上，任何制造商都可以充当网上零售业中商品的提供者，能以基本价格向消费者提供商品。当投资传统商店所需要的建材和商品库存费用越来越贵时，投资电子商务商店所需的电脑和电信设备却日益便宜。同时，软、硬件价格的降低使更多的消费者能以低廉的价格接入 Internet，享受电子商务带来的种种好处，进而促进电子商务的发展。

（四）个性化优势

由于 Internet 具有实时互动式沟通的特点，并且不受任何外界因素干扰，消费者更容易表达出自己对产品及服务的评价，这种评价一方面使网上的零售商们可以更深入了解用户的内在需求，更好地提供产品和服务；另一方面使得为用户提供个性化服务成为可能。例如，通过海尔集团的电子商务网站，顾客可以按照自己的喜好定义冰箱的颜色、形状等。个性化的服务和产品将成为新一代电子商务的重要特点，并成为电子商务普及发展的内部推动力。

（五）信息优势

传统的销售在店铺中虽然可以把真实的商品展示给消费者，但对一般消费者而言，对所购商品的认识往往是很肤浅的，也无法了解商品的内在质量，往往被商品的外观、包装等外在因素所迷惑。利用电子商务技术，可以全方位展示产品及服务功能的内部结构，从而有助于消费者完整地认识商品及服务。另外，信息优势还体现在通过对企业内部信息的整合和优化，改善企业信息的组织结构，加快信息流动，为企业的生产和决策提供更快、更好的数据。

（六）便捷优势

在某种意义上说，消费者花在购物上的时间会愈来愈少，但购物次数却会愈来愈频繁。特别是某些特定的商品，如原料、个人用品（书籍、礼品、特别尺寸的衣服等），电子商务所能提供的便利性将与日俱增。消费者只需要在网站上搜寻相关产品信息，进行质量和价格的比较之后，就可以方便地在家中完成交易。总之，快捷方便的查询功能、人性化的商品目录、价格比较的功能，将促进某些商品转向网上交易，特别是那些运送成本低廉、标准化、缺乏购物乐趣的商品。

第二章　多媒体环境下我国电子商务发展现状

第一节　电子商务的分类

电子商务参与方主要有四部分，即企业、个人消费者、政府和中介方。应该看到，中介方只是为电子商务的实现与开展提供技术、管理与服务支持，而前三者则是以另一种姿态成为参与方的。尽管有些网上拍卖形式的电子商务属于个人与个人之间的交易，也就是通常所说的 Consumer To Consumer（亦记作 C to C 或 C2C），但是，可以这样讲，企业是电子商务的核心，电子商务的类型，主要从企业的角度来进行分析。企业电子商务可以从系统涉及的业务范围、系统的复杂性程度和应用功能情况等不同的角度对企业的电子商务系统进行分类。

一、按企业电子商务系统业务处理过程涉及的范围分类

从企业电子商务系统业务处理过程涉及的范围出发，可以分为企业内部、企业间、企业与消费者之间及企业与政府之间四种电子商务类型。

（一）企业内部的电子商务

企业通过企业内部网 Intranet 自动进行商务流程处理，增加对重要系统和关键数据的存取，保持组织间的联系。它的基本原理与下面讲的企业间电子商务类似，只是企业内部进行交换时，交换对象是相对确定的，交换的安全性和可靠性要求较低，主要是实现企业内部不同部门之间的交换（或者内部交易）。企业内部电子商务的实现主要是在企业内部信息化的基础上，将企业的内部交易网络化，它是企业外部电子商务的基础，而且相比外部电子商务更容易实现。企业内部的电子商务系统可以增加企业的商务活动处理的敏捷性，对市场状况能更快地做出反应，能更好地为客户提供服务。

（二）企业间的电子商务（Business To Business，B to B，B2B）

有业务联系的公司之间相互用电子商务将关键的商务处理过程连接起来，形成在

网上的虚拟企业圈。例如，企业利用计算机网络向它的供应商进行采购，或利用计算机网络进行付款等。这一类电子商务，特别是企业通过私营或增值计算机网络（Value Added Network，VAN）采用 EDI 方式所进行的商务活动，已经存在多年。这种电子商务系统具有很强的实时商务处理能力，使公司能以一种可靠、安全、简便快捷的方式进行企业间的商务联系活动和达成交易。

（三）企业与消费者之间的电子商务（Business To Consumer，B to C，B2C）

企业与消费者之间的电子商务活动是人们最熟悉的一种电子商务类型。大量网上商店利用 Internet 提供的双向交互通信，完成在网上进行销售的过程。这类电子商务主要是借助 Internet 所开展的在线式销售活动。最近几年，随着 Internet 的发展，这类电子商务的发展异军突起。例如，在 Internet 上目前已出现许多大型超级市场，所出售的产品一应俱全，从食品、饮料到电脑、汽车等，几乎囊括了所有的消费品。由于这种模式节省了客户和企业双方的时间和空间，大大提高了交易效率，节省了开支，因而这类模式得到了人们的认同，获得了迅速的发展。

（四）企业与政府之间的电子商务（Business To Government，B to G，B2G）

政府与企业之间的各项事务都可以涵盖其中，包括政府采购、税收、商检、管理条例发布等。政府一方面作为消费者，可以通过 Internet 网发布自己的采购清单，公开、透明、高效、廉洁地完成所需物品的采购；另一方面，政府对企业宏观调控、指导规范、监督管理的职能通过网络以电子商务方式更能充分、及时地发挥。借助网络及其他信息技术，政府职能部门能更及时全面地获取所需信息，做出正确决策，做到快速反应，能迅速、直接地将政策法规及调控信息传达于企业，起到管理与服务的作用。在电子商务中，政府还有一个重要作用，就是对电子商务的推动、管理和规范作用。

根据实际需要，电子商务还会有许多其他派生形式。

二、按电子商务复杂性程度分类

电子商务的飞速发展，促使国际上众多 IT 企业推出了大量的电子商务解决方案，有些方案可用于处理大中型企业较复杂的商务过程，也有的方案可用来解决小型企业的业务。不同的企业通过采用相应的电子商务解决方案，就可以在网上销售产品和提供服务。企业的电子商务解决方案按其复杂性程度不同可以分为以下三类。

（一）网上黄页

网上黄页使用户可以在网上发布广告信息，如企业的介绍、服务时间、电话号码、地址、企业所在区域的地图和特殊服务项目等，这些信息都连接在企业的 Web 站点上。这种方案对企业来讲相对开销较低，较适于小型企业在开展电子商务时采用，类似于黄页广告。目前，在 Internet 上的 Web 站点越来越多，要吸引用户访问本企业的站点并非易事。网上黄页能让客户通过网上搜索工具，快速方便地找到相应企业的站点。网上黄页所提供的功能相当有限，但费用低廉、方便有效，是中小企业进入电子商务领域初期可采用的较好选择。

（二）简单电子商务解决方案

这类方案可以使企业能够在没有专业的网络工程师和软件开发人员的情况下，拥有一个网上目录，并能接受网上订货。简单方案主要针对那些专业人员力量薄弱，又须提供电子商务服务的小型企业。按照简单电子商务解决方案创建一个能接收网上订单的万维网站点，并不需要专门的硬件和软件设备。本方案适合于有一定开展电子商务基础的企业。

（三）完整的电子商务解决方案

采用这种方案的企业能进行独立的网上营销活动，设计网上目录和网上订货，并能对网上订货做出相应的处理。与简单解决方案相比，完整方案不仅提供了前台服务特性，还提供了后台处理，这样就可将企业的网上目录、订单处理与数据库的操作结合在一起，完成交易信息的计算、统计分析和综合处理的全过程。这种方案对于税收计算、目录管理等日常操作也都能自动处理。相对于前两种方案，完整方案功能更为强大，服务内容更为多样，受到越来越多企业的重视。完整的电子商务解决方案是企业开展电子商务的最终方案。

三、按电子商务系统功能目标分类

企业的电子商务系统按系统的功能目标不同，可以分为对企业电子商务活动的内容管理、协同处理与交易服务三类。

（一）内容管理

这类电子商务系统对企业需要在网上发布的各种信息进行管理，通过在网上的广告信息来增加企业产品的品牌价值，在网上树立企业的形象，扩大公司的影响。

（二）协同处理

这类电子商务系统能与公司人员协同工作，自动处理电子商务的业务流程，对企业内外的各组织随时进行紧密联系。包括收发电子邮件、合同的审订及签署等合同管理，使网上的销售过程自动化。

（三）交易服务

这是网上商店常采用的电子商务系统形式，使网上的商品销售活动真正实现每周 7 天、每天 24 小时的服务。这种形式的电子商务系统能在网上向客户提供智能目录、接受网上订单和安全的网上支付等服务功能。

四、按电子商务技术标准和支付方式分类

按技术标准和支付方式可将电子商务分为以下五种。

（一）支付系统无安全措施型的电子商务

用户从商家订货，信用卡信息通过电话、传真等非网上传送手段进行传输；也可在网上传送信用卡信息，但无安全措施。商家与银行之间使用各自现有的授权来检查的网络。其特点是风险由商家承担；信用卡信息可以在线传送，但无安全措施。

（二）通过第三方经纪人支付型的电子商务

用户在第三方网上经纪人付费系统服务器上开设一个账号，用户使用账号付费，交易成本很低，对小额交易很适用。网上经纪人持有用户账号和信用卡号，用户用账号从商家订货，商家将用户账号提供给经纪人，经纪人验证商家身份，给用户发送 E-mail，要求用户确认购买和支付后，将信用卡信息上传给银行，完成支付过程。其特点是用户账号的开设不通过网络；信用卡信息不在开放的网络上传送；使用 E-mail 来确认用户身份。防止伪造；商家自由度大，无风险；支付是通过双方都信任的第三方（经纪人）完成的。

（三）电子现金支付型的电子商务

用户用现金服务器账号中预先存入的现金来购买电子货币证书，这些电子货币就有了价值，可以在商业领域中进行流通。电子货币的主要优点是匿名性，缺点是需要一个大型的数据库存储用户完成的交易和电子现金序列号，以防止重复消费。这种模式适用于小额交易。

（四）支付系统使用简单加密型的电子商务

使用这种模式付费时，用户信用卡号码被加密。采用的加密技术有加密的 HTTP

协议（Security Hyper Text Transfer Protocol，SHTTP）、加密套接字协议层（Security Socket Layer，SSL）等。这种加密的信息只有业务提供商或第三方付费处理系统能够识别。由于用户进行在线购物时只需一个信用卡号，所以这种付费方式给用户带来方便。这种方式需要一系列的加密、授权、认证及相关信息传送，交易成本较高，所以对小额交易而言是不适用的。其特点是部分或全部信息加密，使用对称和非对称加密技术，可能使用身份验证证书，采用防伪造的数字签名。

（五）安全电子传输协议（Security Electronic Transfer，SET）型的电子商务

SET 协议是安全电子交易的简称，是一个在 Internet 上实现安全电子交易的标准协议。SET 协议规定了交易各方进行安全交易的具体流程。SET 通过使用公共密钥和对称密钥方式加密保证了数据的保密性，通过使用数字签名来确定数据是否被篡改，保证数据的一致性和完整性，并可以完成交易防抵赖。此种方式电子商务的支付有很高的安全保障，但 SET 协议十分复杂，因而其应用也受到了一定的限制，不过业界认为这种方式将是未来的发展方向。

五、按电子商务信息网络范围分类

按开展电子商务的信息网络范围，主要可分为三类。

（一）本地电子商务

通常是指利用本城市内或本地区内的信息网络实现的电子商务活动，电子交易的地域范围较小。本地电子商务系统是利用 Internet 或 Internet 专用网将下列系统连接在一起的网络系统，参加交易各方的电子商务信息系统，包括买方、卖方及其他各方的电子商务信息系统，银行金融机构电子信息系统，保险公司信息系统，商品检验信息系统，税务管理信息系统，货物运输信息系统，本地区 EDI 中心系统（实际上，本地区 EDI 中心系统连接各个信息系统的中心）。本地电子商务系统是开展远程国内电子商务和全球电子商务的基础系统。

（二）远程国内电子商务

远程国内电子商务是指在本国范围内进行的网上电子交易活动，其交易的地域范围较大，对软硬件和技术要求较高，要求在全国范围内实现商业电子化、自动化，实现金融电子化，交易各方具备一定的电子商务知识、经济能力和技术能力，并具有一定的管理水平和能力等。

（三）全球电子商务

全球电子商务是指在全世界范围内进行的电子交易活动，参加电子交易各方通过网络进行贸易。涉及有关交易各方的相关系统，如买方国家进出口公司系统、海关系统、银行金融系统、税务系统、运输系统、保险系统等。全球电子商务业务内容繁杂，数据来往频繁，要求电子商务系统严格、准确、安全、可靠，应制订出世界统一的电子商务标准和电子商务（贸易）协议，使全球电子商务得到顺利发展。

此外，电子商务的分类方式还有很多。如按电子商务交易过程分为，交易前电子商务、交易中电子商务和交易后电子商务；按交易对象不同分为，有形商品交易电子商务、无形商品电子商务和服务交易电子商务，等等。应该说，不同的分类便于从不同的角度研究电子商务，对于电子商务研究都有一定的作用。

第二节　电子商务的社会影响

一、电子商务在工业企业中的作用

（一）降低成本

电子商务可使企业节省各种单证的制作成本，降低人工费用，提高员工的工作效率和企业的经济效益。各种单证如订单、发票的制作和管理是企业成本的一个重要组成部分，占到企业总成本的 4%～10%。电子商务技术大大压缩了这部分成本，同时还使通信费用水平下降，并能减少人为过失所造成的经济损失。

（二）加快信息处理和决策过程

Internet 及其应用可以加快企业处理信息和决策的过程。企业根据市场的需求，进行"订单式"的生产，为满足不同客户的多方面要求，降低企业的经营管理成本，提高企业的经济效益，采用企业资源计划（ERP）系统实现信息处理和决策。

（三）减少盲目投资，加快资金回收

通过 Internet 把握经济发展的脉搏和市场走向，可以减少投资的盲目性，缩短产品开发及投资回收的周期。电子商务环境所提供的大量、及时、准确的市场信息，有利于企业领导人做出正确的投资决策，减少企业开发新产品、更新老产品的盲目性；高效率的电子网络销售渠道还可以缩短企业投资的回收期，推动技术进步和产品的升级换代，提高社会生活质量。

二、电子商务在商业企业中的作用

企业的市场分析、客户联系、物资调配、内部管理、公司间合作等商务活动会发生在公司内部、公司之间及公司与客户之间。借助电子商务可以有效地促进与商品交换有关的信息、商品和货币的流通。利用电子商务经营的企业具有以下优势。

（一）降低管理成本

借助电子商务无须门面即可经营，可在任意地点办公，通信费等各项费用低。

（二）提高劳动生产率

比如在亚马逊网上书店仅有 9 人的时候，其销售商品已达 300 万种，年销售额达 5.7 亿美元，因为它采用了网络自动处理业务流程和与供货商、配送商的合作。

（三）扩展市场范围

借助电子商务可面向全世界销售。

（四）与客户良好沟通

电子商务可使成本低、速度快，不必通过中间商与客户直接双向沟通。

（五）提供全天候的服务

借助电子商务，客户随时可在网上选购商品。

（六）为顾客提供个性化服务

顾客可以订制商品，商城可以自动根据老顾客以前的购买情况为其推荐商品，自动按其累计购买量打折，还可以为顾客提供个人信息服务，如提供网上秘书服务等。利用电子商务，顾客在购物时可以享受到以前享受不到的商业便利。

（七）购物地点不受限制

网络的超越空间性，使顾客在家中用电子设备就能到千里之外的商店购物。

（八）信息沟通更加主动

随着生产力水平的提高，买方市场的形成，商品供过于求，商品信息"爆炸"是必然的。顾客可以根据自己的需要，在网上利用搜索引擎自主地寻找需要的商品信息。

（九）选择的范围更加广阔

由于电子商务的商业网站利用了先进的信息系统以及相应的高效货物配送系统，无须货架，无须门面，因此，商品品种不受物理空间的限制。可供商品品种的数量在理论上可以达到信息系统和配送系统的承载上限。

（十）结算支付更加有效

网上支付可以避免携带现金的不便、找零的麻烦、假币的担心等问题。

通过比较，可以看到，电子商务为商业提供了前所未有的便利，因此才表现出勃勃的生机。这种传统商业企业不可比拟的商业便利，决定了电子商务的良好发展前景，也决定了传统商业企业将面临更多的威胁和挑战。

三、电子商务在社会生活其他方面的作用

（一）电子商务推动了银行变革

1. 电子商务为传统银行开辟了更为广阔的发展空间

资金媒介功能与交付服务功能是商业银行的基本功能。随着经济金融的全球化和网络技术的发展，银行提供支付服务的手段和技术更为先进多样，也更加快捷，从而使银行作为社会支付体系的功能不断得到加强，银行开始由传统的资金媒介主体向社会支付体系主体转变。银行不仅是社会资金流动中心，同时也是信息发布中心、商品交易中心和报价中心。银行既是货币流的载体，也是引导信息流和物资流的基本平台。在这种模式中，银行始终处于主动和主导地位，银行集中和传递的信息越多、越快，越能够引导规模更大、速度更高的社会资金流动，银行的效率也就越高，对社会经济运行的贡献也就越大。相对传统银行仅处于被动的社会支付中介来讲，这不仅意味着银行功能的转变，更意味着其发展空间的拓展。

2. 电子商务为不同类型的银行提供了可在同一个网络平台上公平竞争的环境

基于互联网的全球性、开放性和信息充分性程度的提高，电子商务不仅赋予了银行业一种全新的营销方式和全球性的巨大市场，提升了银行经营的国际化程度，而且重新构架起全新的银行竞争规则：所有银行无论实力雄厚，还是规模弱小，无论是历史悠久的"老字号"，还是处于成长期的"先锋代"，在网络上一律平等。在这种新的市场竞争规则下，新兴银行与历史久远的大银行在竞争的起点上是一致的，中小银行如果能把握住信息技术带来的机遇，完全可以与大银行并驾齐驱，在全球化的市场上公平竞争。这意味着在电子商务时代，决定银行竞争优势和实力的关键因素是科技水平，而不是规模的大小，更不是历史的长短。

3. 电子商务为传统银行个性化创新能力的提高奠定了基础

面对极大的金融商品选择空间和余地，客户将表现出日益强烈的"个性化"需求特征。银行的金融创新将以客户为导向，借助网络技术，根据客户的个性化需求为之"量身定造"，扩大以高效、个性化为主体的新金融产品和金融服务的供给，满足市场和客

户对多样化、个性化金融产品和金融服务的需求。

4. 电子商务技术为金融业务"一体化"发展提供了技术平台

网络技术的发展打破了传统金融业的专业分工，模糊了银行业、证券业和保险业之间的界限。银行不仅提供储蓄、存款、贷款和结算等传统业务，而且还提供投资、保险、咨询、金融衍生业务等综合性、全方位的金融业务。电子商务既克服了传统银行在时间和空间上的限制，又可以完成银行业务、证券业务。

5. 电子商务技术的发展，加速了传统银行组织体系、管理体制和运作模式的调整、再造与变革的步伐，极大地提高了银行的经营效率与效益

电子商务使银行业务的扩展主要借助互联网，其原因有四。其一，传统银行的组织体系将适应电子商务的要求，由垂直式向扁平式、由物理化的传统实体向虚拟化的电子空间转变。其二，利用电子商务技术可以使传统银行业务流程与网络所具有的强大优势完美结合，将银行每个员工、部门、业务伙伴、策略同盟甚至每个客户都连接起来，使银行发展为从内到外浑然天成、无懈可击的电子商务有机体。其三，传统银行可以利用网络技术加强对资产和负债的风险控制与管理，实现风险管理由分散到集中、由定性到定量、由主观判断到客观分析的转变。其四，传统银行借助电子商务技术可以实现传统财务向网络财务的转变，实现会计核算、数据处理和财务管理的自动化、系统化和网络化。此外，通过网络技术，还可以使传统银行的营销模式、人力资源配置和创新能力得到彻底革新。

电子商务给传统银行带来的以上发展机遇，最终必然体现为银行运营成本的降低、服务效率与质量的提升和经济效益的提高。同时，互联网金融的崛起给传统银行业带来的除了机遇还有挑战。自 2013 年以来，腾讯、百度等互联网巨头，借助第三方支付或社交平台所积累的客户及数据资源，从余额理财切入，并拓展消费金融，乃至于发起设立民营银行，在实现快速发展的同时，对传统商业银行的冲击也日益显现。在这样的趋势下，商业银行明显加大了科技投入，在强化传统电子银行优势的基础上，积极介入互联网金融领域。值得注意的是，严格的监管以及长期以来所形成的规范审慎乃至于略显保守的经营行为和文化氛围使得传统银行在发展互联网金融时面临诸多挑战。

（二）电子商务推动了电子政务的发展

1998 年，联合国经济社会事务部把推进发展中国家政府信息化建设作为当年的工作重点，希望通过信息技术的应用改进政府组织，重组公共管理，最终实现办公自动化和信息资源的共享。利用信息技术来促进所有发展中国家的进步，其中最关键的步骤就是

利用信息技术来改进政府，即实现"电子政府"。

美国政府网站已经建设得相当成熟，联邦政府一级机构和州一级政府均已全部上网，几乎所有县市均已建有自己的站点。政府网站的内容非常丰富、有效，以"人口调查站点"为例，用户可以通过直观地图的形式，查看到州一级，甚至县一级的极其详尽的统计数据，包括当地从事各种职业的人口组成等。美国白宫站点有一个美国联邦政府站点的完整列表，可以连接到美国政府所有已上网的官方资源。

中国"政府上网工程"在1998年底已经全面启动，这项工程的宗旨就是构建我国的"电子政府"。为加强全社会对"政府上网工程"的重视，有关部委将1999年定为我国信息产业界的"政府上网年"，之后电子政务有了较大的发展。我国目前有很多政府部门在网上建立了自己的站点，其中，很多地方政府通过APP、微信、微博来进行信息发布、业务办理等相关事宜，为百姓提供更加便利和个性化的公共服务。随着信息化的不断提速，基层社区等相关部门的网站、微博、微信将在电子政务大潮中发挥更加重要的功能。

除此以外，电子商务还在旅游、新闻出版、证券、房地产等领域发挥着越来越重要的作用。

第三节　电子商务的现状与趋势

电子商务应用的第一个阶段称为内容发布阶段，这时大多数企业只是通过网络发布自己的产品信息，把Internet作为另一种向顾客提供信息的途径。这些宣传类的活动对于企业的营销会带来一定的好处，但是这些好处可能并不会对企业的收入带来太大的影响。第二个阶段是简单交易阶段，创新主要体现在局部的集成和新型商务模式上。在这个阶段中，企业允许客户进入公司的内部信息环境，如查询银行账户，通过电子交易购买产品等。在这个阶段，建立一个安全可靠的信息系统成为对企业的必然要求。此时，电子商务已经为企业带来了实际的成本节约。

电子商务下一个阶段的发展，将呈现出新的特色。在信息技术的帮助下，公司可以调整自己的业务流程，从根本上把企业改造成以客户为中心的模式。这类电子商务不再是局部的、前端的信息化，而是企业内部所有业务的完全整合，同时这种整合还可能是包含整个产业链中合作伙伴关系的整合，以便最终为用户提供完全整合的服务。在这个阶段，虽然商务的基本法则没有改变，但利用电子商务，传统业务的完成速度和运营质量能提高几个甚至几十个数量级，更大地降低成本，更快地捕捉市场，并建立起长期、可持续盈利的商务模式。

一、透视电子商务的走向

（一）传统企业将成为电子商务的主体

我们看一下电子商务的发展过程：电子商务从 20 世纪 90 年代初、中期开始发展，至 90 年代末形成第一个高潮，但好景不长，由于炒作过度，到 1999 年下半年和 2000 年，电子商务热急剧降温，许多 IT 企业的股票价格急剧下跌，许多从事电子商务的企业严重亏损，有的甚至被淘汰出局。此后，又逐步回升。

人们在 2000 年网络泡沫破灭后深刻体会到：企业，尤其是传统企业才是电子商务的主体。因而，电子商务发展到今天，必须有大量传统企业的加盟，才能推动电子商务走向下一个高潮。

（二）B2B 成为全球电子商务发展的主流

在电子商务的几种交易方式中，B2C 和 B2B 两种所占分量最重，而 B2B 又是重中之重。从国际电子商务发展的实践和潮流看，B2B 业务在全球电子商务销售额中所占比例高达 80% ~ 90%。从交易额上看，B2B 交易可说是电子商务交易额的大宗。中国同样如此，2000 年中国有近 99.5% 的电子商务交易额为 B2B，B2C 只占 0.5%。

（三）进入电子商务市场的企业日趋多元化

从国际电子商务的发展来看，进入 B2B 市场的企业越来越多，主要有四种类型：一是传统的 IT 巨头。像微软公司，始终在准备积极参与电子商务领域，其他较早进入 B2B 领域的 IBM、Sun、Intel 等也纷纷加大投资。二是新兴 Internet 巨头。如 Yahoo、AOL、eBay、ShopNow.com、Beyond.com 和 Pricline.com 等。与传统 IT 企业不同，这些新兴 Internet 巨头凝聚了网上大部分人气，并且有足够的 Internet 经营经验。三是传统行业的跨国公司。通用汽车、西尔斯公司（Sears Roebuck）、杜邦公司等传统领域的巨头纷纷斥巨资进入这一领域，希望通过 B2B 平台优化，改造其原有的价值链，以创造 Internet 时代新的竞争优势。四是现有的 B2B 电子商务公司。面对各种公司纷纷涌向 B2B 市场，Ariba 和 Commerce One 等这一领域的先行者不甘示弱，纷纷表示将凭借他们已经建立起来的技术优势和经验与后来的竞争者抗衡。

（四）电子商务发展的地区差异日益扩大

世界电子商务的发展很不平衡，电子商务鸿沟有逐渐扩大的趋势。美国电子商务的应用领域和规模远远领先于其他国家，在全球所有电子交易额中，目前大约占 50%。世界范围内已经形成了以美国为首，欧洲和亚洲发达国家随后的国际电子商务发展格局。

（五）电子商务在各个产业的应用程度不同

电子商务给不同行业所带来的机会大不相同，不仅向各个产业渗透的顺序不一样，而且各产业所获得的收益也不尽相同。有的研究表明，计算机和通信设备生产厂商特别适合采用电子商务。

二、客户服务的趋势——电子商务带来更快捷、更方便的服务

（一）快捷的服务

享受快速的服务是客户选择商家的一个重要的原因。如果一个商家不能满足客户对服务速度的要求，必然有其他的商家满足这种要求，抢夺客户。为了争夺并保持客户，企业必须减少客户搜索产品、选择产品、确立订单和售后服务等的处理时间。任何一个环节的迟缓，将导致整个客户服务的延迟。通常服务时间的延迟是由于大量的手工传递作业导致的。例如，对于一个产品制造商，每一个订单可能多次输入订货系统中去：第一次，输入客户订购的产品规格要求，并打印出来以备检验是否按照订单进行了生产，然后根据合同制订配送计划；第二次，相关信息输入商业运作系统中验证是否有能力生产该类型产品；第三次，信息输入产品制造系统中去验证生产计划。这种重复的劳动和支离破碎的信息系统导致了服务的延迟。因此，必须构建一体化的、集成的信息系统，满足几乎整个商业运作，从接收订单、审核订单有效性、订单传递，到库存要求的传递、更新库存信息、更新账目信息、要求补充存货等。在日趋激烈的竞争环境下，为了满足日益挑剔的客户，商家只有革新其商务运作的模式才可能生存和发展，这就要借助电子商务来缩减客户服务等待的时间。因此，我们可以预料到快速的客户服务将是电子商务的一个重要趋势。

（二）自助服务

自助服务将成为电子商务发展的另一个趋势，在房地产、保险业、旅游业、汽车购买业、拍卖（买）以及零售业等行业中，客户和商家将通过网络完成商业过程，人工干预很少。此外，值得一提的是自助服务在售后服务中大有作为。客户将面对一天24小时、一周7天开通的自助服务系统，通过该系统，客户可以查询到公司信息、产品信息、订单信息以及获得一定的技术支持，减少了人工干预，使服务更加方便和快捷。例如，客户可以在HP-Compaq公司的网站里下载最新的产品驱动程序、产品使用手册，并可以通过填写表单的形式获得技术支持。在线自助旅游业也将成为很有前景的一个行业，客

户通过旅游预订系统，浏览了解全世界各个旅游景点、选择旅游路线、预订交通工具以及饮食住所等，降低了旅行成本，极大地享受了方便。例如，"九寨沟旅游电子商务系统"利用信息化、网络化的手段整理、优化传统业务，同时衍生出原有环境下无法产生的许多新业务、新服务；旅游者能通过该系统获得各种个性化服务，甚至可以通过虚拟现实技术在网上身临其境般感受到景区名胜，以及入住酒店的情况等。

（三）集成化的服务

方便、快捷、个性化服务是新的商业模式下客户服务的基本特征，为了达到这个要求，客户面对的电子商务系统必须是集成的、一体化的，这种集成和一体化不仅是功能上的集成，还包括内容数据上的全面，而不是像现在一般系统那样支离破碎。功能上的集成是指客户可以通过电子商务系统来完成一系列相关的功能，比如说网上拍卖系统，客户可以通过相应系统输入拍卖产品的资料（包括照片、文字资料等），可以查询到历史上该产品的一般定价，可以设定拍卖起止时间、可以随时获知买家信息和最新的价格，可以通过在线聊天和电子邮件的形式和买家商量具体事宜等，所有相关的功能都集成在该系统中。内容的全面是指数据资料的全面性，用户通过一个系统就可以在最大范围内进行资料和信息的查找匹配。比如，在线自助旅游系统，用户只需要访问该系统就可以查找到所有旅行社的旅行线路的情况；又如，在线产品的搜索，搜索库应该尽可能全面和丰富，用户不需要为了查找产品和数据，从一个系统跳到另一个系统，这样可使用户得到最大数据量和最方便的服务。

三、企业（或者公司）趋势——电子商务成为企业发展的新动力

（一）更好的服务，改进客户关系

争取和保持客户对大多数商家来说是首要的考虑因素，在产品质量和服务项目基本一致的情况下，客户对产品和服务的质量和个性化的要求就变成决定性的因素了。因此，采用新技术，为每个客户量身定制商品和服务将成为企业新的利益增长点。这样，销售和服务将不再是分割的功能模块，就像往常那样，先销售产品，然后再提供售后服务；相反，它们已经成为互相促进、紧密联系的一体。这意味着，在提供产品之前，就要提供快捷方便的服务帮助客户搜索商品，做出决策；在提供售后服务的同时，促进新的购买倾向。

（二）逃离信息孤岛，走向应用集成

据 META Group 的统计，一家典型的大型企业平均拥有 49 个应用系统。这些应用

系统包括商务智能，决策支持等；各个部门运行不同的系统，导致数据缺乏一致性，信息集成化程度不高，系统间信息传递缓慢，安全性得不到保证等问题，从而形成信息孤岛，给企业造成难以估计的各种损失。

而电子商务要求与供应商、合作伙伴，当然还包括与客户之间具有更高程度的系统集成、协调和协作。这些团体都各自具有它们特定的需求、专门技术以及计算技术。将企业核心应用和新的 Internet 解决方案结合在一起还不能说完成了电子商务的构建，必须使这些系统能够协调地工作才行。如当用户通过 Internet 订购一个产品时，该产品需要被包装发运，用户需要付款，产品库存信息需要进行修改更新，原材料或新的备件需要被及时订购。这一电子商务过程的实现，是新的基于 Web 的系统和现有的在企业中运行的后台应用系统之间的集成结果。

（三）管理隐性知识，实施知识管理

对于企业来说，知识管理能够帮助企业解决很多实际的问题。除了通常所说的把显性的知识收集、保存和整理起来，为企业的管理和决策服务以外，更为重要的是，它能把存在于人的大脑中的、难以表述的知识也以某种方式留存。通俗地说，知识管理强调通过将隐性知识沉积在制度及操作层面，创造有利于隐性知识传递的环境条件，实现知识共享，避免"财随人走"的风险。

知识管理要求将企业的隐性知识显性化，而对知识特征的描述一直是人工智能发展的瓶颈，神经元支撑网络等概念依然没有得到真正的发展。因此，如何有效构架知识库、如何设计知识管理产品是一个相当富有挑战性的难题。

（四）选择外包，提高核心竞争力

为了专注于企业自身的核心业务，提高企业核心竞争力，越来越多的企业选择外包而不是自己建设 IT 基础设施。电子外包包括 Web 托管、存储托管、应用服务外包等。

为电子外包提供的电子商务运营维护服务将非常全面。它是一个包括网络架构、数据处理、企业应用程序运营维护管理等方面在内的"全面"服务，其内容涵盖了从行业战略层面的商务战略咨询和托管服务，到企业管理层的电子交易、电子协同、客户关系管理、供应链管理、企业资源规划、商务信息咨询等全方位应用系统管理服务。当然，还包括了 IT 系统的设计、实现和后期的维护服务。

四、网上政府的趋势——电子政务带来什么

2002 年 6 月，在华盛顿召开的"全球电子政务大会"上，作为"数字北京"重要组成部分的中关村"数字园区"得到与会者的一致关注和好评。世界银行的官员更是评价

"北京电子政务走到了世界发达国家的前面"。那让我们看看什么是"数字园区"？电子政务究竟能带给我们什么？海淀园的"数字园区"是基于 Internet 平台、面向公众的交互式电子政务系统。该工程的重点是建立交互式、开放式、集成化的网上办公环境，可以集中办理多项政府管理及服务项目，并通过一套企业和政府之间的报表，在政府各个部门之间实现数据共享。

2002 年初海淀园管委会对 35245 家企业进行的使用情况调查表明，该系统的使用提高了 11.16 倍工作效率，降低了 46.3% 的成本，缩短了 75.9% 的办事时间，节省了 30.1% 的人力。电子政务的实施有助于打破时间、空间和部门分割的制约，将政府机构管理和服务职能，由传统手工、纸质、封闭的运作方式转换为自动、电子、开放的方式，在网络上加以实现，极大地提高政府管理工作的效率和质量，增大了决策的透明度，是政府管理方式和手段的革命。

"物质生活的生产方式制约着整个社会生活、政治生活和精神生活的过程……随着经济基础的变更，全部庞大的上层建筑也或快或慢地发生变革。"马克思在《政治经济学批判》序言中说过的这段话，可以让我们清楚地知道，电子政务风潮在全世界范围内的广泛兴起，其本质是人类社会进入信息时代之后，作为上层建筑核心的国家政权为适应经济发展的需要，以及更有效地行使政体统治职能，所必须进行的一种行政程序革新措施。当今世界开始进入电子政务时代，马克思所说的那种"或快或慢"的变革正在逐步发生，但就目前而言，电子政务能够改变的只是行政的流程和方式，而且这还要在政治家们愿意接受的情况下，才可能顺利地实现，但无论如何，电子政务都将是各国政府明天不得不面对的新趋势。

五、电子商务发展的前沿技术

（一）栅格电子商务（G-Commerce）

1.栅格运算的含义

栅格运算（Grid Computing），源自"电力供应网（Power Grid）"的术语。"Power Grid"意思是根据用户的需要供应电力，而消费者只须支付自己所使用的那部分电费。与此相类似，在电脑的处理性能方面，栅格运算是指通过有效地调整位于全球不同地区的应用程序和资源，增强网络服务的能力，使得众多用户可在大范围的网络上共享处理能力、文件以及应用软件，而无须在意具体的执行和服务过程。栅格运算提供了一个可靠的、动态的、全面的基础设施，集成了超越地区及组织界限的资源、应用程序和服务，从而构建了网络服务的范围，使网络回归了本性。栅格主要由节点、数据库、贵重仪器、可视化设备、宽带骨干及栅格软件六部分组成。

专家认为，栅格技术是现代高科技发展的必然产物，从生物领域的后基因序列计划的解读，到高能物理领域更深层次物质结构的研究，乃至于哈勃望远镜所领取的大量宇宙资料，以及气象、地震预报预测，种种重大科学领域的运算问题，均促成科学家利用遍布全球的计算机资源，通过高速网络与之串联，共同解决运算问题。

2. 栅格电子商务的应用

Internet 其实是计算机资源扩展的需要。而栅格技术的发展是 Internet 进一步发展的需要，构建在 Internet 基础之上的电子商务必然迎来自己的栅格商务时代。

过去，Internet 主要提供电子邮件、网页浏览等通信功能，而栅格技术提供的功能则更多、更强，除能提供共享运算、存储及其他资源外，还包括通信、软件、硬件及知识等资源。栅格电子商务将带给企业最优的资源配置、新型的商业模型和改进的管理模型，可以帮助企业创建虚拟组织等。

使用栅格技术，采用外包方式，企业可以专注核心业务，降低成本，提高服务；利用栅格运算，芯片设计商可将原来须耗时数星期的设计任务，提前在数小时内完成，从而缩短了产品的面市时间。同样，汽车制造商亦可利用栅格进行模型的仿真测试，从而取代原来的电路测试和风洞试验，降低产品的设计成本。而在金融业，栅格技术将在风险控制、管理等方面发挥巨大作用。至于基因工程领域，栅格将是药物分子仿真、药物研究、基因测序等应用的最理想工具。

3. 发展栅格商务的领头羊——IBM 公司

美国 IBM 公司很早就开始进行栅格技术的商用开发。该公司确立了名为"Grid Computing Initiative"的项目，准备探索在企业中的应用问题。"Grid Computing Initiative"项目的目的是在客户企业需要时构筑必要的处理系统。该项目从技术角度看可分为两个方面。一是 P2P，另一个就是分时技术。对 IBM 而言，该开发设想可以说是基于开拓国防部和情报机构等潜在的巨大市场，实现大量销售硬件的企业战略。而从长期来看，IBM 可以通过这一项目构筑起高速度的研发基础设施，不仅是以前的外包业务，就是 Web 服务等更大范围的项目也都可以使用。即使对于纯粹需要计算能力的用户（研究机构、设计及从事电影和电视特殊效果制作的人员），这也将是非常有用的资源。

此外，IBM 在美国的伊利诺伊大学的超级运算中心、圣地亚哥大学超级运算中心以及阿贡国家实验室之间构建了分布式万亿级别的栅格运算系统（Distributed Teras cale Facility）。该系统具有超级的处理性能，每秒能完成 13.5 万亿次操作，存储能力接近 700 万亿字节。该系统是目前欧洲最大的巨型计算机运算能力的 7 倍。可以想象，该系统一旦正式投入商业运转，将带来巨大的商业革命。

（二）移动电子商务

1. 移动 Internet 成为新热点

建设新一代安全、高效的 Internet，除了进一步提高地面网络的传输能力和健壮性外，离不开强大的空中移动 Internet 的支持和补充。

传统的 Internet，是以点对点通信为基础构建的，网络节点之间进行通信对线路要求很高。随着网上传输的数据量不断增多，人们对信息的需求更加多样化，这种通信方式远远不能满足电子商务发展对它的要求。同时，Internet 上的信息传输并不都是点对点方式的，相当数量的信息是从一个源发给多个接收者的，即信息广播或多播，这些信息如果利用点对点网络来传输，就会极大地浪费网络资源，降低网络的使用效率。

随着数字技术与网络技术的结合，计算机与通信的融合，以及 Internet 与移动通信的融合发展，全球移动无线 Internet 及其应用得到了高速发展。移动电话和 Internet 成为当今信息业发展的两个热点，这两者的融合产生了新的增长点，即移动 Internet。它采用网际互联协议（IP），实现异质网间的互联互通，并为今后异质网的融合，特别是异质网间业务与应用的融合提供了重要的技术基础。

2. 移动 Internet 引发移动商务

越来越大的市场竞争压力促使商家寻求一切可以增加销售，提高服务水平，提高效率，同时缩减成本的途径来帮助企业获得更多市场份额和更高利润。这是推动企业不断寻求高科技手段来提高竞争力的原动力。正如 Internet 技术的发展与应用对传统商务模式造成了巨大的影响与变革，移动 Internet 的发展也为企业提供了更多的可能，为用户便捷、快速地获取信息提供了多样化的选择，并且提高了商务处理的能力。

在已经先行一步成功运用移动商务的企业身上，我们可以清楚地看到运用移动商务带给企业巨大的利益：加强渠道控制和销售管理；提高客户服务水平，减少响应时间；降低通信成本和减少所需时间；提高员工士气和工作效率；减少差旅费用；减少设备成本。

移动商务可以提高人们生活的质量，提高企业的核心竞争力。这些都是显而易见的，特别是，移动商务只须在先前的电子商务的投资基础上进行构建，而电子商务的投资是植根于十数年的企业的信息化支出，这些早期的投资利用功能强大的全面应用和企业内部 Internet 对原先在企业内各孤立部门内的业务、功能加以自动化和集成化，而移动商务的基础设施则是这些早先配置了的技术在新领域的逻辑延伸，移动领域的突飞猛进将会给电子商务带来新的血液、新的希望和新的起点。

3. 移动商务的美好明天

未来的移动商务是由手机、掌上电脑、笔记本电脑等移动通信设备与无线上网技术结合所构成的一个电子商务体系，它的内涵已经不再是仅仅提供信息接入设备以及服务那么简单，而是要通过更丰富的移动 Internet 接入，提供有效的解决方案，解决实际的商务应用问题。移动商务应用的发展，将基于移动设备的行业应用软件，最终将与企业或行政部门等各类组织自身的信息管理系统建设紧密结合，形成二级或三级结构的移动商务系统，这样的系统具有以下特点：

（1）以掌上电脑等移动设备结合移动应用软件构成的移动信息终端为基础；

（2）系统结构反映单位的管理结构和业务特点，符合其工作对移动数据管理和数据流向的基本要求；

（3）来自移动信息终端的第一手数据能够及时、准确地反映业务进展状况，为管理决策提供有效的支持。这样的移动商务系统将更加切合各行业的实际工作情况，将信息化从固定的部门级推进到移动的个人级，是对传统商务系统的扩展性变革。

移动商务的应用还远不止于此，在教育、金融、健康、旅馆以及零售业、制造业等各个领域，它都有广泛的应用前景。在中国，越来越多的家用电器，汽车等常用工具上都具备了智能化服务，这些都是移动商务的基础。

（三）流媒体与中间件

1. 流媒体

近年来，为解决文件下载时间过长的问题，适应网络多媒体化的发展趋势，一种新兴技术应运而生，这就是遵守特定网络协议的流媒体技术。流媒体是指采用流式传输方式在 Internet 上播放的媒体格式，如音频、视频或多媒体文件。和常规视频媒体不同，流媒体可边下载边播放。以宽带为基础，流媒体不仅可以进行单向的视频点播，还能够提供真正互动的视频节目，如互动游戏、三维动画等。

流媒体技术可广泛用于网上新闻发布、在线直播、网络广告、远程教育、实时视频会议等，目前应用最直观的是网上直播。作为新一代 Internet 的标志，宽带流媒体彻底改变了传统 Internet 只能表现文字和图片的缺陷，可集音频、视频及图文于一体。

2. 中间件

如果没有中间件，在世界范围内掀起的电子商务浪潮绝不会发展到今天如火如荼的局面。从应用的角度来看，电子商务网络应用体系的内涵是各种现有应用的不断扩充和新应用形式的不断增加，迫使企业的 IT 部门需要解决越来越多的需求，尤其是对分布式网络应用的需求，诸如跨越不同硬件平台、不同的网络环境、不同的数据库系统之间互操作等，这些问题只靠传统的系统软件或 Web 工具软件提供的功能已经不能满足要求，作为电子商务网络应用体系的中间平台也就应运而生。一般来说，电子商务应用服务器、通用业务网关、支付网关、通信平台和安全平台，都属于该范畴的产品。

电子商务应用服务器的作用是让网络应用的开发、部署、管理变得更加容易，涉及的技术包括 EJB、CORBA、DCOM、IIOP、XML 等。主要功能是提供在服务器端的分布式应用的部署，包括对象生命周期管理、线程管理、状态管理、安全管理等；数据源连接访问管理、交易管理等；大规模并发网络用户管理、均衡负载、容错等；与现有系统的无缝连接等。

通信平台的作用是建立与维护底层数据通道。在功能上，通信平台提供了一种灵活、可靠的方式，把数据从一个商业伙伴发送给另一个商业伙伴，或者把数据从不同的源发地采集到一起或转发。在这里包含了同步 / 异步传输、通信服务、数据标记、加密、队列和监控等。

安全平台是建立在一系列相关国际标准之上的、以公钥算法为核心的一个开放式安全应用开发平台。基于安全平台可以开发、构造各种安全产品或安全应用系统，如用于文件加解密的安全工具、安全网关、公证系统、虚拟专网及其他的需加强安全机制的用户应用系统。安全平台除了内核的管理模块外，同时向上为应用系统提供开发接口，向下提供统一的密码算法接口及各种 IC 卡、安全芯片等设备的驱动接口。

六、电子商务是历史发展的必然趋势

（一）新一代电子商务

初级的电子商务只是企业建立静态网站，构建产品信息库，搭建网站前端与后端订单管理与存货控制系统互相连接。面对全球的竞争优势，企业将从初级的电子商务模式发展成为新一代的电子商务模式，为客户量身定制产品及服务。换言之，电子商务模式将从以厂商为中心的营销导向，转向以客户为中心的需求导向。这使得客户能够直接从一个公司的网站发出和追踪订单，并在订购过程中享有更多个性化服务和拥有更多的控制权。对于企业来说，在下一代电子商务中，企业将能透过网络技术以电子化形式实时地管理其国内外供货商的业务交流，从而为客户提供素质更佳的定制化产品及服务。

新一代电子商务将会给老产品以新的形式，或者提供新产品、新市场以及新的销售渠道，并将彻底地转变顾客和供应商之间的关系，而不仅是改善他们之间的关系。具体来说，即表现为电子商务将提供人性化、柔性化、快捷和高效的服务。

1. 电子商务的个性化

电子商务个性化是指电子商务企业向客户提供个性化的服务。主要包括三方面的内容：一是需求的个性化定制。由于自身条件的不同，客户对商品和服务的需求也不尽相同，因此如何及时了解客户的个性化需求是首要任务。二是信息的个性化定制。Internet 为个性化定制信息提供了可能，也预示着巨大的商机。《华尔街日报》很早推出的个人电子报纸就是一例。Internet 最大的特点是实时、互动，随着网络互动电视的发展，消费者不仅可以实现电视点播，而且还会促使个人参与到节目的创意、制作过程。三是对个性化商品的需要。特别是技术含量高的大型商品，消费者不再只是被动地接受，商家也不仅是提供多样化的选择范围了事。消费者将把个人的偏好融入商品的设计和制造过程中去。

个性化服务在电子商务中的地位将越来越高，将会成为电子商务新的突破口。过去个性化服务是比较浅层次的，因为客户的购买记录太少，无法积累足够的数据。然而今天许多 B2C 网站动辄拥有上百万的用户，每天拥有上万张订单，可以为客户提供有经济价值的个性化服务。但这样的个性化服务分析必须是商业的分析，在传统经济分析中人们发现"尿布的销售量与啤酒的销售量"有关，而现在的 B2C 正要引进这类似的许多传统商业领域的规律。自从有了连锁店后就有人研究 POS 机应该摆放在客户的左边还是右边，最后发展成一门专门的学问，网络上虽然没有 POS 机，但存在类似的消费习惯。因此，Internet 需要自己的商业规律，但没有足够多的数据与商业实践是无法总结出规律的，Internet 期待着全新的 B2C 零售理论与规律的出现，每一个规律的发现都会使 B2C 向前走一大步。

2. 电子商务的柔性化

柔性化是以"以顾客为中心"的理念为基础而在生产领域提出的，但需要真正做到柔性化，即真正地能根据消费者需求的变化来灵活调整生产工艺，没有配套的柔性化的物流系统是不可能达到目的的。20 世纪 90 年代，国际生产领域纷纷推出弹性制造系统（Flexible Manufacturing System，FMS）、计算机集成制造系统（Computer Integrated Manufacturing System，CIMS）、制造资源系统（Manufacturing Requirement Planning，MRP-II）、企业资源计划以及供应链管理的概念和技术，这些概念和技术的实质是要将生产、流通进行集成，根据需求端的需求组织生产，安排物流活动。因此，柔性化的物流正是适合生产、流通与消费的需求而发展起来的一种新型物流模式。这就要求物流配送中心根据消费需求"多品种、小批量、多批次、短周期"的特点，灵活组织和实施物流作业。

3. 电子商务的便捷化

借助栅格技术和移动互联技术，电子商务将以其快捷、高效方便的特性带给我们无微不至的服务，使我们突破时空的限制，无论处于何时何地，总能快速方便地访问到有用的信息。用户将能迅速安全地存取和即时交互访问 Internet 和公司内部网，处理各种信息；用户可以在 Internet 上查询航班时刻表、天气预报、股票行情、比赛比分和综合新闻等信息；用户可以在任何地方进行一切电子商务活动，可以这样说，Internet 将发展到世界的每一个角落，融入人们的生活中去，改变那些上网和不上网人们的生活状态；电子商务的应用领域和发展空间将扩大到无限，并将克服现代商务时间空间上的局限性，给人们带来无法想象的便利。

可以这样说，就如同拧开水管就能接到水一样，我们将便捷地获得电子商务的服务。新一代的电子商务正向我们招手。

（二）电子商务大趋势

1. 电子商务带来的巨大机遇

由于电子商务的出现，传统的经营模式和经营理念将发生巨大的变化。电子商务将会创造巨大的效益和机会，会将市场的空间形态、时间形态和虚拟形态结合起来，将物流、现金流、信息流汇集成开放的、良性循环的环路，使经营者以市场为纽带，在市场上发挥最佳的作用，得到最大的效益。可以肯定，电子商务的发展会带给我们一个经济更加繁荣的时代。电子商务的发展，不仅将有力地推动 Internet 的发展，对社会的进步和经济的变革产生深远影响，更重要的是它本身的发展和成熟为我们提供了许许多多的机会。对于传统商业来说，确实面临一场新的革命。原有的商业格局面临重组，商业企业和商业流通将出现变化，在变革过程中，有可能打破原有的差距，使大家站在同一起跑线上。尤其是对于发展中的中国商业来说，通过电子商务实现飞跃确是难得的机遇，如果抓住了机会就有可能较快地缩短我们与发达国家的距离。

电子商务给中国企业提供了千载难逢的"历史机遇"。中国的商用 Internet 建设比国外只晚了 2~3 年，无论美国还是中国，在新的信息产业革命中都面临着同样的挑战，机会是相对平等的。而中国的经济改革实际上面临着双重挑战。第一，中国还不具备工业文明所要求的一些特征，如规模、质量与资本的积累；第二，信息经济又不以人的意志为转移。美国是一步步从工业经济走向信息经济的，而中国的改革，一方面，要完成工业经济的建设，建成世界上最有规模、最有质量、最有资本竞争力的现代工业体系；另一方面，中国的企业为了成为真正有国际竞争力的企业，必须面对追求效率、标准与智慧的信息经济的挑战。

　　客观地讲，信息技术对于世界各国的企业来说都是一种发展机遇、一种完全平等的机遇，但对于中国的企业来说，这个机遇就更加珍贵、更加重要了。古代的中国人凭借自己的勤劳双手创造出了灿烂辉煌的农业文明，近代的中国人却由于"闭关锁国"丢掉了再次领先的机遇。中国新一代领导人的"改革开放"政策解除了中国经济发展的锁链，重新把中国企业推向世界经济舞台的前沿。中国经济在近几年中的进步是有目共睹的，外国人也正是看到了中国的发展才认为世界的经济中心会转移到亚洲。但中国企业近几年的发展并没有从根本上改变世界经济的格局，中国还不具备工业文明所要求的一些特征。中国的企业还缺乏竞争力，还缺乏雄厚的资本、广阔的市场。正是这些原因，我们面前的这次机遇才算得上是真正的千载难逢，因为它带来了新的企业运营方式，这些方式使我们的企业不必具备工业文明的特征也能达到同样水平的竞争力。

　　2. 电子商务是历史发展的必然

　　电子商务经过十几年的发展，在世界上经济发达的国家里已经生根、发芽，并开始结出丰硕的果实。精明的企业家们不断利用先进文明带来的科学技术，为人们营造着越来越广阔的"电子空间"，在人们感受到由此带来的种种便捷和愉快的同时，也勾画出企业新时代的发展蓝图，酝酿着信息时代的经济腾飞。在中国，虽说已经取得了众多突破性的成果，但还只是一个"一小部分人关心、大部分人观望"的局面，而这中间最令人担心的还是中国的企业，因为他们在这场"革命"面前显得有些无动于衷。中国古代人最信奉的是"中庸"之道，深谙此道的人从不愿意轻易去干任何被他们认为是冒险的事，但是，电子商务的确是一场革命，是一场可以扭转乾坤的革命。

　　从诸多层面来看，电子商务为我们创造了崭新的市场机会。在机会面前，谁把握得及时，谁就能成功。那么也可以预见，在未来的几年中，基于电子商务的产品和技术一定会非常明显地占据市场。相应地，能及时调整方向，基于电子商务进行投资，并进行产品技术开发的企业也许可能走出市场困惑，找到新的生存地点。电子商务是我们这一代人献给新世界的一份厚礼。考虑到中国美好的经济前景、巨大的贸易额以及辽阔的疆域，电子商务在中国的前程无限，它必将在中国发展壮大并有力地推动中国经济的迅猛发展。这是一个不可逆转的大趋势。

　　任何新事物都代表着一种趋势，那些符合人类进步的趋势必然会得到大家的认同。电子商务就是这样一种事物，它对人类社会进行着全方位的改造，在企业竞争、政府部门、公共研究机构、教育以及娱乐等方面改变着人类相互交往的方式，为人们展示了一个全新、璀璨的世界。开展电子商务是一种国际大趋势，在未来全球竞争面前，一个企业如果跟不上，就无法生存下去；一个国家如果跟不上，将会被越落越远。

第四节　电子商务与供应链的关系

一、供应链管理的概念

许多年来，一些企业为了更好地实施内部管理与控制，一直采取"纵向一体化"（Vertical Integration）的管理模式。即企业除了建立具有竞争优势的核心企业外，还对为其提供原材料、半成品或零部件的其他企业采取投资自建、投资控股或兼并的方式。企业推行"纵向一体化"的目的，是为加强核心企业对原材料供应、产品制造、分销和销售全过程的控制，使企业能够实现产、供、销的自给自足，减小外来因素的影响，在市场竞争中掌握主动。在市场环境相对稳定的条件下，"纵向一体化"的管理模式发挥了一定的作用。但是，随着信息技术的飞速发展，经济全球化市场的形成，消费者的个性化需求不断提高，企业之间的竞争日益激烈。在这种市场环境下，"纵向一体化"管理模式的弊端逐渐地暴露出来。为了满足这种自给自足的状况，企业将大量的资金、精力与时间投入自己并不擅长的非核心企业领域中去，不仅要在每一个纵向市场中与其他企业进行竞争，并且一旦在某一纵向环境中出现问题，将会导致整个企业的被动。因此，"纵向一体化"的管理模式已经很难在当今市场竞争环境下获得所期望的利润。这迫使企业面对变化迅速且无法预测的市场不得不采取许多先进的制造技术与管理方法，企业的管理理念也随之发生了重大的变革，从多年来一直奉行的"纵向一体化"转向了"横向一体化"（Horizontal Integration）的思维方式。"横向一体化"思维方式的核心思想是企业核心竞争力，即企业只须注重自己的核心业务，充分发挥核心竞争优势，将非核心业务交由其他企业完成，实施业务外包，最大限度地取得竞争优势。而供应链管理正是这一思维方式转变的具有代表性的管理模式。

"横向一体化"的管理理念形成了一条从供应商到制造商、再到批发商贯穿所有企业的"链"。由于相邻节点企业表现出一种需求与供应的关系，当把所有相邻企业依次连接起来便形成了供应链（Supply Chain）。这条链上的节点企业必须达到同步、协调运行，才可能使链上的所有企业都能受益，这就是供应链管理（Supply Chain Management，SCM）的经营与运用模式。比较典型的供应链管理的概念有这样两种。国外的资料定义：供应链管理是在满足服务水平需要的同时，为使系统成本最小而采用的把供应商、制造商、仓库和商店有效地结合成一体来生产商品，并把正确数量的商品在正确的时间送到正确地点的一种方法。国内比较有代表性的是华中理工大学的马士华教授的定义，他认为供应链管理是一种集成的管理思想和方法，它把供应链上的各个企业作为不可分割的一个整体，使供应链上各企业分担的采购、生产、库存、运输和销售的职能成为五个协调发展的有机体。这两个概念都体现了整体性、系统性的观点，这也是在现代经济全球化和信息技术环境下，供应链管理发展的必然趋势。

供应链管理是一项系统工程，它的实施需要考虑多方面的因素，遵循系统工程方法论的基本原则协调各种目标之间的平衡。如降低库存成本与提高用户满意程度平衡，供应链中不同成员不同的、相互冲突的目标的平衡，各种信息在供应链企业中的共享问题，供应链企业之间的战略合作伙伴关系问题等，这就需要采用系统管理理论、量化的数学模型及交叉学科和技术领域的相关方法加以综合运用。作为大多数公司的现代企业管理的主流，供应链管理受到高级管理层的普遍重视。供应链的最优化（SCO）已经成为这些活动的核心目标。该活动的主要目的是通过降低经营成本，提高产品和服务质量的方式来改进物流和分销活动，乃至整个供应链的表现水平，从而达到提高整体企业盈利的目的。供应链最优化最初仅局限于如何通过作业计划来降低经营成本，但是如今供应链管理已经发展成为一个成熟的企业改造项目。它包括从接受订单、采购原材料、指导最终消费、提高服务反应速度和产品的再循环利用。

随着供应链重要性的不断加深，那些致力于供应链管理的企业又发现了一些新的管理目标。例如，提高产品附加值、提高客户满意度等。当公司收益得到回报时，企业便把管理目标集中到供应链最优化成本和收益上面；以其作为一种必要手段，来谋求创造更好的总体企业价值。在实现最终目标——最大限度地利用企业的总体资源——的过程中，企业不断地实现最优化，这也是所有供应链最优化活动的核心目标。

随着最优化活动的进一步开展，企业必须得到企业外部经营伙伴的支持。这也就要求外部伙伴必须对供应链有一定的了解。当产业链上的所有公司都发现自己所采取的供应链最优化所产生的巨大价值时，这些企业便会自然而然地将受益于这个供应链中的其他商业伙伴共享。每个公司通常都会有很多的合作伙伴——供应商、分销商和客户公司等，只有通过与这些伙伴共同进步，企业才能够取得进一步的发展。在以后的发展过程中，开始由整个供应网络中共享最好的想法和实践转变为一个新的互动网络，企业之间将致力于寻找一种更有效的方式来共同成长，从而使整个供应链网络都获得更快的成长。

我们通过讨论供应链的最优化，发现了提升供应链上各家企业效益的方法，那么回过头来说什么是供应链？所谓供应链是指产品生产和流通过程中所涉及的原材料供应商、生产商、批发商、零售商以及最终消费者组成的供需网络。即由物料获取、物料加工、制成商品并送到最终客户手中这一过程所涉及的企业和企业部门组成的一个网络，既可以是企业内部供应链，又可以是企业外部供应链。

内部供应链是指企业内部的产品生产和流通过程中所涉及的采购部门、生产部门、仓储部门、销售部门等组成的供需网络；而外部供应链则是指企业外部与企业相关的产品生产和流通过程中涉及的原材料供应商、生产厂商、储运商、批发商、零售商以及最终消费者组成的供需网络。内部供应链和外部供应链共同组成企业产品从原材料到消费者的供应网络。也可以把企业内部供应链称之为外部供应链的子链或其中供应链的一段。

什么是供应链管理？供应链管理是企业与企业贸易伙伴追求共同经济利益最大化的企业管理方式及手段。美国 CSC 咨询公司的合伙人，查尔斯·C. 波利，对供应链管理的描述为：供应链管理指的是那些能够不断改进整个组织流程——包括产品设计、服务设计、销售预测、原材料采购、库存管理、生产制造、物流管理、客户管理——的那些管理方法、管理方式和管理系统。其管理主要内容包括从供应商到客户和消费者之间的产品、服务和信息的最优化创建和配送。它是在细分的市场之内提高企业竞争力的一种手段。

我国专家在引进供应链管理理念以后，把供应链管理结合我国的经济社会背景，进行了新的定义。供应链管理不同于我国改革开放以前的社会分工和计划管理，而是一种在现代科学技术支持下的现代化企业管理理念。它是在社会产品相当丰富、社会分工十分详细、商品流通极其发达和信息环境极其通畅的大社会背景下的工业管理认同。供应链管理涉及行业管理、企业管理、生产管理、物流管理、财务管理和信息管理等方方面面。我国有关供应链管理的定义为：在人们认识和掌握供应链的各环节内在规律和相互联系基础上，应用企业管理的计划、组织、协调、监控和激励等职能，对产品生产和流通过程中的各个环节所涉及的物质流、资金流、信息流、业务流进行的优化管理和调控，以期通过获得最佳组合，以最小的经营成本和最大的经济效益为客户提供最优质的服务。

那么什么是供应链管理目标？供应链管理也可称为供应链的最优化管理。其主要目标是通过降低整体成本，并提高生产和服务质量的方式来改进生产、物流和分销活动，乃至提高整个供应链的表现水平，从而达到增加企业盈利水平的目的。供应链管理的核心思想应为以客户为中心，以共享利益和共担风险为贸易伙伴合作原则，应用电子商务技术（Web 技术、EDI 技术、Barcode 技术、POS 技术、GPS 技术）实现企业的管理经营的获利目标。供应链管理的具体目标是以下内容：

一是根据市场需求的扩大，提供完整的产品组合；

二是根据市场需求的多样化，缩短从生产到消费的周期；

三是根据市场需求的不确定性，缩短供给市场与消费市场的距离；

四是通过供应链中的各项资源运作效率的提升，降低物流成本，赋予经营者更大的能力来适应市场的变化并及时做出反应，从而做到物尽其用、货畅其流。

二、供应链管理内容

供应链最优化管理的研究内容之一就是如何决定生产、储存等设施的具体位置，这些决定将在相当长的时间内影响供应链管理的成效。例如，如果你经营一个零售超市，那么你先应考虑如何更快、更多地与顾客互动。理所当然，最好把你的零售超市开在车水马龙的人口稠密区。如果你经营的是一个大规模的机械制造业的企业，那么你也许更倾向于把工厂和仓库建立在远离大城市而接近原材料产地和获取能源方便的区域。再举个例子，如果你经营一个电厂或煤制气公司，那么你会更千方百计地要关注工厂和各级泵站的建设地理位置。因此，供应链管理的设计涉及生产能力、制造和库存管理等诸多因素。生产能力过剩，将导致企业产品积压、设备闲置等降低企业效益的负面效应。但从另一个角度来看，充足的生产能力可以增强企业应对市场需求变化的能力。所以，例如，像家用电器、啤酒饮料等一些市场波动影响较大的行业，总有意预留一些相对过剩的生产能力，以应付市场需求的高峰。同时，企业供应链的管理者也需要就公司内部基本的制造流程和库存管理模式提出总体规划。

供应链的最优化管理还要求企业必须得到企业外部经营伙伴的支持，即要求外部经营伙伴也必须对该企业的供应链管理具有一定的理解。当企业发现自己经营的供应链管理产生巨大价值时，便会很自然地将利润与整个供应链的其他伙伴共享。只有与经营伙伴共同进步、共同盈利，企业才能取得进一步的发展。供应链是生产社会化和信息化的现代产物，是以新的生产组织方式、新的商品流通方式和新的商品营销方式存在。它突出了市场的组织与分工优势、经营的规模与灵活优势等新的现代社会特征。电子商务将供应链上的各个参与方连接为一个整体，实现了供应链的信息化管理。电子商务与供应链管理构成密不可分和相辅相成的互补的企业竞争手段。

因此，供应链管理内容与传统的库存或运输管理有很大的不同。一是各企业将供应链管理看成一个整体，而不是将供应链管理看成是由采购、制造批发和零售等部门构成的一些分割的功能块。二是要求企业坚持"供应"是整个供应链上各个部门的共同目标观念，这对整个供应链的运营成本及供应链的市场份额有着重大的影响。三是供应链管理理论对库存管理有着不同的解释。不一定是零库存，也不一定是满库存；都要看供应链系统的需求而定，库存是平衡整个供应链性能表现的一个手段。最后是供应链管理要求采用系统的、集成化的管理方法来统筹整个供应链的各个功能，为了确保整个供应链的整体目标，高层管理采取一些办法消除供应链内各个企业、各个环节、各个部门之间的目标冲突是十分重要的。

供应链管理的实现是把供应商、生产厂家、分销商、零售商等，在一条链上的所有环节都联系在一起进行优化，使生产资料以最快的速度，通过生产和分销环节变成增值的商品，并将其送达有消费需求的消费者手中。这样使得社会资源达到优化配置，减少了社会库存和降低了社会成本；更重要的是通过信息平台和组织网络实现了生产及销售的有效连接和物流、信息流、资金流的合理流动。

供应链管理包括采购计划、生产计划、库存计划和运输计划等，涵盖从几周到几个月的供应链管理决策。其目标是要在既定的供应链构架下，合理安排物流，从而使供应链为企业提供最大效益。供应链计划是以市场预测为基础，并考虑实际运作中的不确定性，为企业的中期决策提供依据。生产计划基于企业生产能力，决定既定生产设施间的具体物流。库存计划决定原料、半成品和成品库存的数量位置和策略。运输计划决定现有企业设施以及供应商、客户之间原料、成品的运输途径、方式、数量等参数。供应链管理的实施是指企业日常的供应链决策，如原材料供应管理、生产时序与计划管理、运输车队运输计划与库存实施控制管理等。企业对每一张订单、每一件任务进行操作，在供应链最优化管理的战略和计划的基础上，在最短时间内对供应链上出现的事件做出反应，以保证整体供应链的高效畅通。

三、供应链管理的信息特征

供应链管理是目前国际上最引人注目的企业管理新思想之一，它融合了当今现代管理的新思想、新技术，是一种系统化、集成化、敏捷化的先进管理模式。供应链管理的最主要思想是系统理论。供应链注重围绕核心企业的网络关系，如核心企业与供应商、供应商的供应商乃至于一切前向的关系，与用户、用户的用户及一切后向的关系。它不仅是一条连接供应商到用户的物料链、信息链、资金链，而且是一条增值链。物料在供应链上因加工、运输等过程增加价值。供应链作为一种产品生产模式，它的提出是为了方便对多重供需关系的管理，即供应链管理。供应链管理是使物流在供应链上合理流动、优化配置，从而缩短产品生产周期，降低产品生产成本，促进供应商、分销商、制造商间的合作以及对市场的把握。

供应链管理的信息特征为以下几点：

（一）综合性特点

从其覆盖的领域上看，它涉及整个产业链的采购、生产、储存、物流和信息技术等领域的管理；从管理的范围看，它不仅涉及自身企业，而且包括供应链上的其他各个相关企业；从管理的方式方法看，它兼容传统的管理方法和通过供应链网络进行的过程管理和虚拟管理。

（二）新颖性特点

供应链管理体现了新经济的特征，它是以信息技术为其管理的出发点和立足点。电子商务活动本身就是信息高度发达的产物，对信息活动的管理是一项全新的内容，也是对传统管理的挑战和更新，我国对 Internet 相关的管理手段、制度和方法均处于探索阶段，另外，如何进行在线管理，都需要供应链上各个企业的共同努力。

（三）智能性特点

供应链管理的实物位移自动化、预警与反应速度程度高，供应链过程处于实时监控之中。供应链管理的重点是这些自动化、智能化的设计创造过程，一个智能化的供应链管理系统可以模拟现实，可以发出指令、实施决策，根据供应链过程的特点采用对应的管理手段，真正实现电子商务供应链管理的柔性化和智能化。

（四）信息化特点

当今市场在急剧变化，企业要想在激烈竞争的环境中取得持续发展，最主要的是要掌握用户需求的变化和在竞争中知己知彼。信息技术的应用是推进供应链系统中信息共享的关键，改进整个供应链的信息精度、及时性和流动速度，被认为是提高供应链绩效的必要措施。因此，企业管理战略的一个重要内容就是制定供应链运作的信息支持平台，如集成条形码、数据库、电子订货系统、射频识别、电子数据交换、全球定位系统等信息交换技术和网络技术为一体，构建企业的供应链信息集成系统。

（五）网络化特点

以前企业为了追求资源的整合，往往借助"纵向一体化"来实现高度的控制，但是纵向一体化却因为管理组织臃肿、业务领域过于庞杂，风险增强、管理成本上升，所以从 20 世纪 80 年代后期开始，"横向一体化"的供应链思想开始兴起，即利用企业外部资源快速响应市场需求，本企业只抓最核心的东西——产品方向和市场。至于生产，只抓关键零部件的制造，甚至全部委托其他企业加工。"横向一体化"形成了一条从供应商到制造商再到分销商的贯穿所有企业的"链"。因此，供应链管理必须利用现代信息技术，改造和集成业务流程，与供应商和客户建立协同的业务伙伴联盟，实施电子商务，才能提高企业的竞争力，使企业在复杂的市场环境下立于不败之地。

（六）虚拟化特点

全球性市场竞争加剧，单个企业已经难以依靠自己的资源进行自我调整，在 20 世纪末，美国提出了以虚拟企业或动态联盟为基础的敏捷制造模式。敏捷制造面对的是全球化激烈竞争的买方市场，采用可以快速重构的生产单元构成的扁平组织结构，以充分自治的、分布式的协同工作代替金字塔式的多层管理结构，注重发挥人的创造性，变企业之间的生死竞争关系为"共赢"关系，强调信息的开放和共享、集成虚拟企业，而电子商务的兴起为实现敏捷制造创造了条件。

（七）物流系统专业化特点

在此前的企业经营管理中，物流作为商务活动的辅助职能而存在，其本身并不构成企业管理的重要领域，其业务管理也往往是分散进行，没有总体统一的协调和控制。在电子商务时代，物流上升为企业经营中重要的一环，其经营的绩效直接决定整体交易的完成和服务的水准，尤其是物流信息对于企业及时掌握市场需求和商品的流动具有举足轻重的作用，因此，物流活动必须综合起来，进行系统化管理。在这种要求下，人们利用系统科学的思想和方法建立物流系统，包括社会物流系统和企业物流系统，从而使得物流活动能够从全方位、全过程、纵深化地得到管理和协调。

因此，供应链管理设计应遵循下述原则：

1. 系统效益原则

系统效益原则也称整体效益原则，这是管理原理的基本思想。供应链管理也不例外，它不仅要求供应链活动本身效益最大化，而且要求与供应链相关的系统整体效益最大化，包括当前与长远效益、财务与经济效益、经济与社会效益以及经济与生态效益等。因此，供应链管理人员和部门要树立可持续发展的观念，处理好内部供应链与外部供应链、有限资源与节能减排，走集约经营和循环经济发展道路。

2. 标准化原则

供应链管理按其重复性可分为两大类：一类为重复发生的常规性生产活动，物料的移动和存储、物料配送的路线和搬运装卸等。另一类为一次性或偶然性的生产活动，如客户需求的随时变化以及运输时间的不确定性等。供应链管理的标准化要求常规活动按标准化原则实施管理，实现自动化和智能化，以提高效率、降低成本。随着物流技术的不断更新（如人工智能模拟、物资需求计划 MRP），电子商务物流信息技术的广泛应用（如地理信息系统 GIS、全球定位系统 GPS、EDI 等），使随机性活动已可逐步标准化。

3. 柔性化原则

供应链的柔性化原则实质上是指供应链运行过程中的灵活性原则。"多品种、小批量"的客户需求愈来愈瞬息万变。供应链管理就是利用先进的信息技术、通信技术和供应链管理信息系统来实现供应链的快速反应能力。

4. 全程服务原则

全程服务原则是指在供应链管理的全过程中，努力促使各企业员工牢固树立服务观念，切实恪守职业道德，严格执行服务标准；通过文明、高效、优质的服务，加强分工体系的协同效应，塑造该供应链企业的整体形象，确保企业经济效益和社会效益的同步提高。

互联网就像是一个交易平台，由于新技术的应用，整个供应链信息的共享程度和信息的透明度都得到了提高，从而提高了整个供应链的效率和效果。显而易见，将供应链整合到一起是可以增加利润的，那么，这也将会对价值链产生一定的影响。许多研究人员都在探讨电子商务究竟是如何影响物流、影响供应链的，它可能使一些媒介（如批发商和零售商）消失，但它也推动着新的角色的出现，例如，物流运营商，它的作用是调整传统的供应链结构使其适应电子商务的需要。许多公司在努力地使他们的雇员适应电子商务的同时，也都在研究如何进行企业内部管理过程的调整和如何在互联网平台上建筑供应链管理信息系统。

四、传统供应链与现代供应链比较

传统的供应链管理仅仅是一个横向的集成，通过通信介质将预先指定的供应商、制造商、分销商、零售商和客户依次联系起来。这种供应链侧重于内部联系，灵活性差，仅限于点到点的集成（如图 2 所示）。

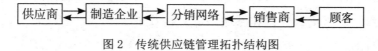

供应商 ⇄ 制造企业 ⇄ 分销网络 ⇄ 销售商 ⇄ 顾客

图 2　传统供应链管理拓扑结构图

传统的供应链成本高，效率低，而且供应链的一个环节断了，将造成整个供应链运行瘫痪。对于绝大多数没有使用 Internet 的传统企业，其内部的业务流程和信息传递方式无法对市场需求的变化做出快速响应，常造成库存积压（或积压在供应商处，或积压在制造商处），增加成本；此外，由于不能及时供货而降低客户的满意度，物流从上游供应商到下游、最终到客户的速度缓慢且效率低下。

传统供应链管理中存在的一些问题，传统供应链管理的横向集成特性难以适应经济全球化、市场竞争日趋激烈的新形势，严重制约了我国企业的市场，具体表现在以下内容：

过分强调自供自产自销的一体化供应链模式。表面上看来"企业无事不能""肥水不流外人田"，而实质上严重影响了企业核心业务的开发，削弱了企业的市场竞争力。许多相关实体如供应商、分销商等分离在外，注意力局限于企业内部的操作层面，注重企业自身的资源利用，关注物流，而忽视了资本流、信息流和工作流；缺乏企业与外部的合作伙伴关系，产、供、销各自为政，造成产品库存积压、资金浪费和企业间的目标冲突。因此，传统的供应链管理只注重内部联系，灵活性差，效率低，而且供应链的一个环节中断了，则整个供应链都不能运行。

强调竞争而忽略合作。供应链结点间的关系被视为交易伙伴而不是合作伙伴，致使双方频繁地讨价还价、拖欠货款、缺乏诚信，导致竞争大于合作；而不同供应链之间的竞争则更为激烈，价格之战、亏损经营，其结果常常导致两败俱伤。

缺乏服务平台和电子交易手段，缺乏市场响应机制。由于没有统一、规范的信息服务平台和安全、可靠的电子交易平台，没有建立对用户不确定性需求的跟踪管理系统，不能及时回应顾客的需求，造成顾客满意度下降，企业信息丢失，形象受损，致使供应链中的所有成员不能协调一致、信息得不到共享和快速传递，因此，供应链运作效率低下。

重下游轻上游现象严重。由于观念上的偏差，只重视下游的顾客，视下游顾客为上帝，这固然没错；然而忽视上游的原材料供应商，以为"供应商有求于我"，致使双方缺乏信任。

供求信息不准，长鞭效应严重。由于客户信息不准，单方毁约情况较多，再加上供应链信息传递扭曲，长鞭效应严重，制造商难以根据订单进行生产，只好根据预测进行生产、安排库存，因而增加了库存成本，削弱了企业的竞争力。

管理信息系统不健全。企业与企业之间缺乏联系，信息不能共享，造成信息重复、滞后或失真。

现代供应链管理是一场由信息技术手段飞速发展而引发的商品运作模式的革命，它改变了传统经济活动的生存基础、运作方式和管理机制，因而对供应链发展产生了深远的影响。电子商务环境下的供应链是以中心制造厂商为核心，将上游供应商、下游经销商（客户）、物流运输商及服务商、零售商以及往来银行进行垂直一体化的整合，构成一个电子商务供应链网络，消除了整个供应链网络上不必要的运作和消耗，促进了供应链向动态的、虚拟的、全球网络化的方向发展。电子商务对供应链管理的影响表现为以下内容：

对供应链角色的影响。电子商务的应用加强了各个供应链角色的一体化倾向，特别是加强了生产商的前向一体化倾向，这种一体化行为能够提高供应链的效率，消除了供应链上不必要的中间环节。电子商务是在由计算机和通信构成的网络系统中实现的。通过 Internet 生产商可以不经由分销商或零售商直接将产品卖给消费者，消除了一些不必要中间环节组织，从而节约了运输和销售等费用。利用 Internet 进行零部件和产品的订货和发货能够合理安排库存，提高信息的及时性和准确性，从而降低了库存和营业费用。在企业内部，电子商务的应用，也可省略许多不必要的环节，提高工作效率。

使企业的组织边界趋于模糊化。随着电子商务的发展，组织之间的信息流和资金流更加频繁，组织之间的相互联系也由单一渠道转变为多渠道进行，如供应商的销售部门不仅要与生产商的采购部门进行交流，而且还需要与生产商的设计部门甚至销售部门进行合作，共同设计客户满意的产品和服务。随着供应链中组织间合作程度的日益加深，组织之间不断融合，组织边界越来越模糊，最终整个价值链重新整合，形成一个虚拟的大企业。

使企业的销售模式由生产者推动型转变为消费者拉动型。在电子商务时代，消费者可以对所需要的商品提出个性化、差异化的设计要求，生产商和相应供应商组成的虚拟联合体会依据消费者的要求，共同完善产品的设计，然后组织生产，以最大限度地满足消费者的需求；实时的网上新产品信息发布机制，可以更低廉的方式吸引顾客，提高消费效率。此时，销售模式由生产者推动型转变为消费者拉动型。

实现经营的网络化。一是物流交易系统的网络化，物流配送中心与供应商、制造商通过网络实现连接，上下游企业之间的业务往来也要通过网络来实现；二是组织的网络化，电子商务是组合整个供应链的，大部分专业性业务活动交给外部企业运作，内部管理层次和人员减少，经营趋于柔性化。电子商务借助电子信息网络将各种不同的技术、技能有机地进行集成，提高了业务经营绩效。由于同一个业务流程是由不同专长的企业共同实现的，信息和计划在这些企业中实现了共享，虚拟化组织的特点开始显现。

网络企业的大量涌现。随着信息技术和通信技术的日益完善、成本的逐渐降低，电子商务活动日益频繁，效益也日渐增长，涌现了一大批从事电子商务活动的网络企业。商品不再依赖传统的物流渠道，而是直接在网上实现交易。网络企业的产生为电子商务提供了交易平台、技术支持和物流服务，改善供应链中的信息交流，节省了一些物流中间环节，提高了供应链管理的效率。

电子商务供应链管理与传统供应链管理的主要区别反映在如下几点（如表1所示）：

表 1　电子商务供应链管理与传统供应链管理的比较

项目	传统供应链	电子商务供应链
承运类型	散装	包裹、单元产品
顾客类型	既定	未知
物流运作模式	推式	拉式
库存、订单流	单向	双向
物流目的地	集中	高度分散
供应链管理要求	稳定、一致	及时、质量及整体成本最优
供应链管理责任	单一环节	整个供应链

　　物流和承运的类型不同。在传统的供应链模式下，物流是对不同地理位置的顾客进行基于传统模式的大批量运作或批量式的空间移动，货物的追踪是完全通过集装箱、托盘或其他包装单元来进行，供应链各个环节之间的可见性是有限的。在电子商务供应链管理模式下，由于借助各种信息技术和互联网，客户在任一给定时间都可以沿着供应链追踪货物的下落。

　　顾客的类型不同。在传统供应链管理模式下，企业服务的对象是既定的，供应链服务提供商能够明确掌握顾客的类型，以及其所要求的服务和产品。随着电子商务的到来，供应链运作正发生根本性的变化，要求快捷、高速、划分细致的物流和商流方式，顾客是一个未知的实体，他们根据自己的愿望、季节需求、价格以及便利性，以个人形式订购产品。

　　供应链运作模式不同。传统供应链是一种典型的推式经营，制造商将产品生产出来之后，为了克服商品转移空间和时间上的障碍，利用物流将商品送达到市场或顾客，商流和物流都是推动式的，物流只是起到支持的作用，本身并不创造价值。在电子商务供应链中，商品生产、分销以及仓储、配送等活动都是根据顾客的订单进行的，商流、物流、资金流都是围绕市场展开的，物流为商流提供了有力保障，因此，电子商务供应链是拉式的。因其活动本身构成了客户服务的组成部分，它同时也创造了价值。

　　库存、订单流不同。在传统供应链运作模式下，库存和订单流是单向的，买卖双方没有互动和沟通的过程。在电子商务供应链条件下，客户可以定制订单和库存，其流程是双向互动的，作为客户可以定制和监控，甚至修改其库存和订单；而作为制造商、分销商同样也可以随时根据顾客的需要及时调整库存和订单，以使供应链运作实现绩效最大化。

　　物流的目的地不一样。在传统供应链中，由于不能及时掌握商品流动过程中的信息，尤其是分散化顾客的信息，加上个性化服务能力不足，物流只能实现集中批量化的运输和无差异性服务，运输的目的地是集中的。而电子商务供应链完全是根据个性化顾客的要求来组织商品的流动，这种物流不仅要通过集运来实现运输成本的最低化，同时也需要借助差异化的配送来实现优质服务，其目的地是分散化的。

供应链管理的要求不一致。传统供应链管理强调的是物流过程的稳定、一致，否则物流活动就会出现混乱，任何物流运作过程中出现的波动和变异都有可能造成上下游企业的巨大损失。电子商务供应链管理却不同，由于其物流需求本身就是差异化的，物流是建立在高度信息管理基础上的增值活动，因此，物流必定会出现高度的季节性和不连续性，要求企业在管理物流活动中必须按照及时应对、高质量服务以及总体成本最优的原则来进行。

供应链管理的责任不同。在传统供应链运作环境下，企业只是对其所承担的环节负责，诸如运输企业只管有效运输和相应的成本等，供应链各个运作环节之间往往没有明确的责任人，供应链经营活动是分散的，其结果往往出现局部最优而整体绩效很差的情况。但电子商务供应链强调供应链管理是一种流程性管理，它要求企业站在整个供应链的角度来实施商品物流过程，以及相应的成本管理。

总之，电子商务供应链管理弥补了传统供应链管理的不足，它不再局限于企业内部，而是延伸到供应商和客户，甚至供应商的供应商和客户的客户，建立的是一种跨企业的协作，覆盖了产品设计、需求预测、外协和外购、制造、分销、储运和客户服务等全过程。

五、电子商务环境下的供应链管理

传统的供应链管理难以适应当代全球竞争的新形势，主要表现为：①供应链不完整，许多相关实体如供应商、分销商等分离在外，不予重视，往往局限于注重企业内部的操作层上，注重企业自身的资源利用，关注物流，忽视资本流、信息流和工作流；缺乏合作伙伴关系，产、供、销各自为政，造成产品库存积压、资金浪费和企业间的目标冲突。②缺乏市场响应机制，对用户没有建立不确定性需求跟踪管理系统，不能及时回应顾客的需求，造成顾客不满意和企业信息丢失，形象受损。③管理信息系统不健全，企业与企业之间缺乏联系，不能共享信息，造成市场信息价值浪费。

利用电子商务构建新型的企业管理模式供应链管理，可以极大地提高企业管理水平，电子商务以一种最大化的网络方式将顾客、销售商、生产商、供应商和雇员联系在一起，使供需双方在最适当的时机得到最适用的市场信息，从而极大地促进供需双方的经济活动，降低交易费用和经营成本。

电子商务的出现和发展是经济全球化与网络技术创新的结果。它彻底地改变了原有的物流、信息流、资金流的交互方式和实现手段，能够充分利用资源、提高效率、降低成本、提高服务质量。在迅猛发展的电子商务时代，供应链管理的核心任务可归纳为下列内容：动态联盟的系统化管理，生产两端的资源优化管理，不确定性需求的信息共享管理以及生产的敏捷化管理。因此，在这种要求下，供应链的管理必然要适应电子商务的特点，开发出集成化的供应链管理模式。

综上所述，实现电子商务的价值增值过程就是一个供应链管理过程，在电子商务应用当中存在着两种不同的供应链管理模式。

（一）价值链驱动模式（Value Chain Initiative）

价值链（Value Chain）概念是 1985 年迈克尔·波特（Michael E.Porter）在《竞争优势》中提出的。为理解成本行为与现有的和潜在的歧义性的来源，价值链将一个企业分解为战略相关的基本价值活动和辅助价值活动。1995 年，杰弗里·雷波特（JefferryF.Rayport）和约翰·史维奥克拉（John J.Sviokla）提出了虚拟价值链的观点。他们认为现今的企业都在两个世界中竞争，即管理者可感知的物质世界及由信息构成的虚拟世界。两条价值链的经济原理、管理、价值增值的过程都不同。互联网的出现，使实物价值链与虚拟价值链得以并行，实物价值链上的每个环节都可与虚拟价值链相结合，而电子商务的出现，使得两条价值链的边界变得更为模糊。价值链驱动（VCI）的最终目标是向世界各地任何规模的交易伙伴实时传递相关的动态数据流，以此来影响供应链的电子商务市场。一个 VCI 的固化软件程序可以实时地与其他的软件程序传递数据，进行交流。例如，当某个用户发出的订单自动地传送到仓库管理系统时，系统不仅将记录放入仓库管理后台数据库中，还将同时触发一个物流配送系统进行运输，如果仓储低于库存下限，则同时会触发制造系统，发送产品生产的指令。

（二）合作、预测与供给（CPFR）模式

合作、预测与供给（Collaborative Planning Forecasting and Replenishment,CPFR）模式是由国际著名的商业零售连锁店沃尔玛（Wal-Mart)及其供应商沃纳 - 兰伯特公司（Warner Lambert）等 5 家公司联合成立的零售供应链工作组（Retail Supply and Demand Chain Working Group）合作研究和探索的，它应用一系列的处理和技术模型，提供覆盖整个供应链的合作过程，通过共同管理业务过程和共享信息，改善零售和供应商的伙伴关系，以达到显著改善预测准确度，降低成本、减少库存总量和现货百分比，发挥出供应链的全部功效的目的。

合作、预测与供给模式具有以下三条指导性原则：一是合作伙伴框架结构和运用过程以消费者为中心，面向供应链进行运作；二是合作伙伴共同开发单一、共享的消费者需求预测系统，该系统驱动整个供应链计划；三是合作伙伴均承诺共享预测并在消除供应过程约束方面共担风险。

CPFR 模式是一个更为具体的基于电子商务的集成供应链管理模式，它的实施能够使供应商加强对存货的管理以及不断地完善对企业整体的预测。通过 CPFR，各方利用网络的方式来交换一系列的书面协议、促销计划以及预测，这使参与方通过关注预测数据的不同来协调整体的预测，因此各方通过寻找差异的原因提出整体改进的预测数据。美国商业部资料表明，1997 年美国零售商品供应链中的库存约为 1 万亿美元，如果通过全面成功实施 CPFR，可以减少这些库存中的 15% ~ 25%，即 1500 ~ 2500 亿美元。

我国在电子商务环境下的供应链管理还处于成长阶段，而电子商务环境所要求的基础设施、技术条件、人文条件等还很不成熟，在二者的结合上企业仍有很长的一段路要走，当务之急是要处理和解决好以下几个问题：

企业的观念问题。在我国，企业的"大而全""小而全"问题还很突出，没有自己的核心业务，更谈不上核心竞争力，传统计划经济下的管理思维方式仍占据主导地位。企业内部组织机构虽然齐全，但受到职能分配的制约，各自为政，实行垂直型的管理。这不仅严重地影响企业信息传递效率，而且无法解决"透明度"问题。随着我国企业与世界的接轨和面临国际市场的挑战，传统的管理模式必然在国际上受到严重的冲击。而供应链管理对企业最基本的要求就是核心业务与信息效率，这并不是仅仅依靠企业电子商务就可以解决的，不从企业观念的根本问题上改革是达不到治本目的的。

贸易伙伴之间的协作问题。电子商务为供应链管理提供了一个可以更好发挥的环境，前面我们就提到 Wal-Mart 公司与自己的几个供货商合作实施 CPFR 模式节约了大量的成本，提高了效率。而我国企业欠缺的正是如何协调贸易伙伴间的协作以达到供应链整体利益的最大化。

贸易伙伴之间不愿意共享信息，这与我国的企业的文化氛围有关，传统观点认为任何协议都会分出一个胜者和一个负者，但博弈论的研究结果说明，非零和博弈比这种零和博弈更能使企业获得收益。除此之外，缺乏一个良好的供应链绩效评估系统也是贸易伙伴之间协作的障碍。没有合理的绩效分配，各企业自然不愿牺牲自己的利益去换取整个供应链的最大利益。因此，良好的供应链协作战略势在必行。

（三）知识获取与转换技术上的要求

由于电子商务的出现，原来的生产商依靠 4P（Product、Price、Place、Promotion）让消费者被动地接受产品变为以消费者为中心将消费需求送达生产者，由生产者以保证 4C（Consumer、Cost、Convenience、Communication）来取得优势地位。因此，这时供应链管理的关键就在于如何从消费者不确定的需求信息中获得知识并保证其在供应链中的共享来创造价值。这就要求供应链上的企业在技术上保证需求信息的收集、共享并通过知识转换器转换为提高供应链效率的知识。但我国企业总体来说在这些关键设施、关键研究上的投入力度不够，无法做到知识的实时获取与有效利用，这势必会成为其他实时电子商务环境下的供应链管理的一大障碍。

供应链管理与电子商务都是一个从生产商到最终用户的价值增值过程，电子商务是在一个更新的、更有效的技术平台（网络）上构建的供应链，实现电子商务的价值增值过程就是一个供应链管理过程。供应链管理是一种集成的管理思想和方法，它融合了当今现代管理的新思想、新技术，是一种系统化、集成化、敏捷化的先进管理模式，是对供应链中的物流、信息流、资金流、增值流、业务流及贸易伙伴关系等进行的计划、组织、协调和控制一体化的管理过程。供应链管理的最主要思想是系统理论。供应链注重围绕核心企业的网络关系，它不仅是一条连接供应商到用户的物料链、信息链、资金链，而且是一条增值链。供应链管理使物流在供应链上合理流动、优化配置，从而缩短产品生产周期，降低产品生产成本，促进供应商、分销商、制造商间的合作以及对市场的把握。

但是，由于电子商务在我国还未得到普及，相关的政策法规还不够完善，仍面临着网络系统安全、数据安全等技术问题，还有许多问题需要深入地讨论和研究。随着政府对信息产业的重视以及人民生活水平的提高，电子商务必将成为企业之间以及企业与消费者之间信息交流的桥梁；而基于电子商务的供应链管理的全新贸易方式，必将成为推动未来经济增长的关键动力。

电子商务（Electronic Commerce，EC）的概念在 1994 年就提出来后，直到 20 世纪末，互联网的飞速发展使它得到了广泛的应用并显示着广阔的发展前景。电子商务的内容包含两个方面：一是电子方式，二是商贸活动。电子商务可以通过多种电子通信方式来完成，如通过打电话或发传真的方式来与客户进行商贸活动等；随着 Internet 技术的日益成熟，电子商务真正的发展将是建立在 Internet 技术上的，所以也有人称之为网络商务（Internet Commerce，IC）。从贸易活动的角度分析，电子商务可以在多个环节实现，由此也可以将电子商务分为两个层次，较低层次的电子商务如电子商情、电子贸易、电子合同等；完整的高级形式的电子商务应该是利用 Internet 网络进行全部的贸易活动，即在网上完整地实现信息流、商流、资金流和部分的物流融合发展。

综上所述，利用电子商务构建新型的企业管理模式——电子商务供应链管理，可以最大化地以网络方式将顾客、销售商、生产商、供应商和雇员联系在一起，极大提高企业管理水平，使供需双方在最适当的时机得到最适用的市场信息，大大减少商品流通的中间环节，极大地促进供需双方的经济活动，加速整个社会的商品流通，有效地降低企业的生产成本，提高企业的工作效率和经济效益，提高企业的竞争力。

第三章 多媒体环境下我国电子商务发展的对策

第一节 多媒体环境下的电子商务网站

电子商务要依靠网络，在当前网络的大背景下，全世界都在进行不同种类的商业活动。伴随互联网的发展，多媒体技术获得了更迅速的发展，成为现代人信息交互的轨道，并经过各类形式进入现代人生活的方方面面。以多媒体技术为基础的商业运营管理，推动电子了商务进化的深度，为电子商务与其业务活动的发展奠定了关键的基础支持。

一、多媒体技术在电子商务网站建设方面的特色

（一）多媒体技术的交互性

多媒体技术最大的特色就是实时性与交互性。交互式工作是通过人机对话，来达到电子终端信息传入与接收，这样用户能自主处理信息并进行反馈。这种方法，提升了信息传输的工作频率，完成了多种要素的交互传输，形成了现代电子商务对接与交互的多元化。

（二）多媒体技术的实时性

多媒体的及时性是通过信息技术，达到多媒体信息处理与传递的实时性。随着电子商务的持续进步，人们渐渐进入了网络新时代。在网络、通信技术飞速发展下，信息的收集与处理的方式也在不断变化。基于网络的大范围应用，多媒体成为用户间交流的轨道，变成了各种网络信息的载体。

（三）多媒体技术的综合性

多媒体技术的综合性主要表现在依靠智能设备和网络来解决各种信息，这里包含了很多技术信息，比如通信、解压、音频技术以及图像压缩等。在这么多强大的技术支持基础上，发展了各种图文的变化与处理，推进了信息共享与交流，使信息的表达方式更

加多样。多媒体技术多样化的模式，使其变成了电子商务开拓与增强的重要一环。

（四）多媒体技术的数字化

多媒体技术比较明显的特点之一，是它以二进位的数字化模式存在，它可以让计算机运算变得方便快捷，适用计算机的逻辑性运算，经过数字化模式来满足人们对于计算机使用便捷的需求，达到运算时的清晰明确化。

二、电子商务网站建设存在的问题

（一）诈骗事件频繁发生

电子商务包含了八种商务活动，大致分为网上购买、服务传达、问题咨询等。虽然商务活动种类繁多，但在电子商务交易时，很难知晓购买方的用户信息和其账户信息。因此，产生了一些违反法律的事情，比如盗取社交账号、窃取账户信息，甚至运用网络环境实行欺诈的事件频繁发生，所以电子商务在网站安全基础上是有着极大漏洞的。

（二）商品质量存在问题

由于商品的展示不像现实生活中是可触碰的，而是用图片、视频等方式展示给各种用户，所以交易双方很难界定商品的真实质量。互联网技术不能用现有的技术对一件商品进行多维展示，导致商品描述与实物质量不符的情况很常见。这种情况的发生是因为很多多媒体卖家为了获取更多的利益，抛弃职业素养和对基本法律的遵守，用经过处理的照片、视频等让商品理想化，达到提高销售量的目的，随着需求量的增加恶意定价，这些让顾客对电子商务的信任度降低，使得更多优质顾客流失。

（三）部分售后服务恶劣

网络交易已经慢慢取代了线下贸易市场。由于网络交易销售数量庞大，一个商家通常身兼数职，不能对售后与用户的投诉等及时地进行反馈。而顾客对商品质量的不满意，直接增加了商家的时间成本，减少了商家的利润，导致一些商家售后态度恶劣。

（四）有效信息储存保管不到位

账目管理对电商来说极为重要，但是在现实中，电商通常对财务没有一个完整的管理系统，也不具备专业的保管与储存，这直接影响到了买家在购买价值较高的商品时，因各种信息储存保管不到位，导致信息不全面，因此，在售后方面产生了各种问题，给买卖双方带来困难。

三、多媒体技术对电子商务网站建设问题的解决

（一）建立多媒体与电子商务的安全交易机制

网站要对用户的签名进行设置，以防卖家在交易时跑路或遇到冒名顶替交易者；根据网站的大小配置防火墙功能，利用加密技术对用户信息加以保护，保护商家的隐私，让商家与商家之间进行合法的竞争；利用各种技术，比如安全协议等，对买卖双方的交易进行保护，达到交易安全的目的。

（二）确立多媒体技术与电子商务的行为规范

在电子商务交易模式里，应该确立多媒体与电子商务的行为规范，杜绝商品虚假宣传与恶意抬价。商家对图片严重处理，利用视频改变商品信息的行为要严肃批评处罚。号召群众以及企业法人对商品的虚假宣传行为进行举报和揭发，让诚信宣传成为卖家的一种职业素养。普及多媒体使用者的职业素养和法律常识，确立售后的处罚机制。

（三）事务处理高效率

伴随着多媒体技术的进一步提升，电子商务更加注重贸易交易与用户服务的规划，其自身发展也得到了提升。贸易交易活动本身就是对用户的协商，在生产到销售过程中，让多部门携手合作。因此，在携手合作的进程中，使电子商务加大了贸易交易的宽度，加快了运转的速度。

（四）扩大服务范围，加强信息管理

多媒体技术不仅使电子商务地区化，还使它可以远程国际化，改善了整个交易活动的效率。在电子商务的不断进步中，信息管理也要同时加强，建议统一电子商务模式，使每个方式都可以在同一个电子模式中进行运作，有利于买卖方处理发生在电子商务中的各种问题。

四、多媒体技术应用于电子商务的进步性意义

（一）经济活动更便利

多媒体技术应用与电子商务推进了社会的进步，打破了全球经济的地区限制，为电子商务构建了一个新的交易平台，它为商品销售与生产提供了更便捷的方式。通过多媒体技术的发展，使商品数字化、网络化，拉近了买卖双方的距离。这些优势让电子商务成为一种全新的交易模式。

（二）服务范围更广泛

在多媒体使电子商务打破全球经济对应的地区限制之后，电子商务的服务范围更为广泛，主要体现为电子商务地区上的突破。多媒体技术使电子商务实现了广延性和并存的秩序，拥有无限的可能。加上计算机网络技术，让不同种类的商务贸易活动实行了功能上的高度重合，落实了大范围的商品网上交易、在线支付以及售后传达的过程。

（三）经济利润更客观

从电子商务运营模式来看，电子商务是用数字化的方式，通过网络来发展运营信息的交互，这种运营模式，减少了商品通信和信息取得的成本，还扩大了销售的范围。就是因为销售信息的大规模传播，使电子贸易的数量加大，所以获得了更大的经济利益。电子商务的及时性，使其在实际应用上更加方便，在分工上更加清晰明了，使工作的速度变得更快，减少成本、提升商务活动的效率，从而增加了电子商务活动的经济利益。

在当今社会，电子商务网站关乎着企业的形象，企业可以通过对多媒体技术的应用，让电子商务网站变得更具有吸引力，操作更加简单明了。让电子商务网站给消费者带来趣味性，应变成商务网站的未来发展趋势。要把电子商务和多媒体技术相联合，不断把商务网站提升到新的高度。在媒体技术的推动下，让该模式得到不同类型的技术保证，实现电子交易顺利进行。

第二节　多媒体如何应用于电子商务

电子商务是以浏览器为依托，在网络信息开放的环境下，在全球的范围内，实现各种商业贸易活动。它是一种新型的商业运行模式，其主要表现形式在于利用各种网络通信技术、电子技术，贸易双方在不谋面的条件下，实现网上购物、交易、支付等综合性的服务。

随着技术的不断更新与完善，多媒体技术也得到了快速的发展，成为人与人之间实现信息交流的桥梁，并通过各种方式参与了人类生活的各个方面。所以，以多媒体技术为载体的商业发展模式不仅推进了电子商务的发展，还为电子商务经济活动的展开提供了重要的技术支持。

一、对多媒体技术应用的特点进行简要分析

多媒体技术是基于一种人机交互作用下的实现逻辑关系建立、进行各项信息综合业

务处理的现代化技术，它是计算机技术的产物，也是时代信息技术发展的结果。所以，在探讨多媒体如何应用于电子商务前，先对多媒体技术应用的特点进行简要分析。

（一）技术内容多样化

多媒体技术内容多样化体现在它的应用过程中涉及了多种多样的技术内容，其中包括通信技术、视频技术、多媒体标准化、音频技术以及图像压缩技术等。在这些强大、多样化的技术内容支持下，不仅实现了各种图像、文本的转换与处理，还推进了整个信息的传递与同步，丰富了信息的表达形式，实现了将抽象内容形式化、色彩化的目的。所以，基于多媒体技术内容多样化的保障，便使得其成为电子商务发展与完善的重要角色。

（二）信息处理、传递实时性

通信技术是实现多媒体信息处理与传递实时性的重要保障。随着通信技术、网络技术的不断改进与发展，人类生活逐渐步入了一个新的网络化的时代。在网络、通信技术的支持下，各种信息处理的能力也随之增加，实现了电子化、智能化的信息操作。又由于网络化的广泛应用，多媒体便成为人与人之间沟通的桥梁，成为各种网络信息的载体。在实现人与人之间距离缩短的基础上，还推动了信息的共享与传递的时效性，成就了多媒体技术信息处理、信息传递实时性的特点。

（三）交互式工作方式

交互式是多媒体技术工作的基础，也是其最为基本的特征之一。交互式工作方式的形成主要是基于计算机，它是一种人机对话操作形式，也就是通过系统来实现终端信息输入的接收，然后通过系统对信息进行处理后，将结果返回给终端。这种交互式的工作方式，不仅改变了以往简单的单向或双向信息传输，提高了信息传输效率，还实现了语音、视频、图像等交互的多样化传输，成就了现代化电子商务沟通与交流形式的多元化。

（四）存在方式数字化

多媒体技术应用是以数字化形式存在的，也就是大家熟知的二进位数字形式，这也是多媒体技术应用的一个较为显著的特点。以这种方式存在的原因主要在于它能够实现计算机运算的简单、便捷化，能够适合于计算机的逻辑性运算；其次是为了实现转换的方便，进而通过这种数字化的存在方式来满足计算机技术运用便捷的需要，实现整个运算过程中的明了化。

二、多媒体技术应用于电子商务的进步性意义

电子商务是时代发展的必然趋势，它以商业活动为主体、信息技术为手段、计算机

为依托，创造了虚拟电子交易平台，并实现了整个经济活动的时间与空间的跨越，它不仅加强了整个世界经济的交流，还推进了信息技术的传播。因此，在多媒体技术支持下的电子商务具有了多方面的进步性意义。

（一）经济活动更便利

电子商务在多媒体技术的支持下，创造了一个新的商业交易环境，它在生产、销售、消费之间建立了较为紧密的商业链，并在数字化、网络化的环境中，缩短了生产者、消费者的距离，成为一种新型的交易方式。在这种交易环境中，不仅实现了空间、地域的跨越，实现了交易方式由繁入简的转变，还加强了交易信息的流通，给整个经济活动带来了更大的便利。因此，多媒体技术应用于电子商务推动了整个社会经济发展的进程，突破了世界经济交易的区域局限。

（二）服务范围更广泛

服务范围更为广泛，主要是由于电子商务在地域上的突破，在空间、时间上跨越，它借助计算机网络技术，对各种商务交易活动进行了功能上的高度综合；与此同时，也更广泛地对整个商务交易主体进行高度的集成，并实现了远距离的商品网上订购、网上支付与服务传递的交易过程。所以，基于多媒体技术支持下的电子商务不仅形成了区域化的、远程国内的、全球性的交易范围，还促成了整个交易活动效率的进一步提升。

（三）事务处理高效率

随着多媒体技术的开发与深化发展，推动了电子商务网上交易与管理服务的完善进程，并实现了电子商务自身的协调性发展。商品交易活动本身就是一个协调过程，它在买方与卖方的洽谈与协商的基础上，不仅需要买方与公司内部的生产、零售、批发商进行协调，还要求金融机构、通信部门以及配送中心的通力协作。也就是说，要实现一项商务活动，就需要从生产到销售的各个环节各个部门有机配合。由此，在这种相互协调与配合的过程中，不仅使电子商务实现了商品交易宽度上的扩展，还提高了整个工作运行的效率。

（四）经济利润更客观

首先，从电子商务运行的成本来看，由于电子商务是以数字化的形式存在，是以计算机、网络技术为依托的商品贸易活动，并通过网络来实现运营信息的传递，这种运营方式，不仅减少了商品通信成本以及信息获取成本，还实现了销售范围的扩大。其次，正是缘于销售信息的广泛传递，其销售范围的扩大便增加了电子交易次数，由此便取得了更多经济利润。最后，从工作效率来看，由于其具有实时性与时效性，在操作上具有便利性，在分工上也更为明确，就使得整个商务活动的效率也更高了。所以，成本上的降低、效率上的提高，无疑增加了电子商务活动的经济利润。

三、对多媒体技术在电子商务中的应用探讨

电子商务是基于多媒体技术的发展而产生的，在电子商务中买卖双方通常是以 Web 网页页面为直接的交流平台，而多媒体技术能够通过对图像、文字、音频等的处理，实现网页质量的优化。因此，在电子商务中应用多媒体技术实现营销渠道的拓展，以获取更多的经济利润。然而多媒体技术在电子商务中的应用不仅于此，下面就关于多媒体技术在电子商务中的运用进行详细探讨。

（一）多媒体技术丰富了商务交易平台的内容

在多媒体技术不断现代化、多样化发展的基础上，不少企业逐渐实现了多元化的电子商务，并在网络上建立了专属于自己企业的电子商务交易平台，并通过这种网络平台来实现商品的推销与销售。所以，为了更好地满足商品推销与销售的需要，就需要通过多媒体技术对企业的商品交易平台进行优化。首先，从电子商务交易平台的网页质量上来看，为了提升企业形象、展现企业商品特色与吸引消费者的注意力，就需要应用多媒体技术。目前大多商品图片都采用实拍的方式，插入实景图片，所以，大多是 jpg 格式的图片，如若要实现网站图像的生动化，就需要利用 flash 动画。

另外，要想为整个画面营造一种悠扬的情怀，就可以增添音乐，从而增加访问者的数量。目前在网页中能够常见的音乐格式是 midi 格式，这主要缘于它具有载入快、文件容量小的优点。另外，为了使网页更为生动，可采用了 JavaScript 技术，这种技术是一种嵌入网页中的小程序，它能够在用户访问页面的同时，将该程序执行。这种程序的应用不仅实现了网页的动态与多彩，还增强了页面的交互性。因此，多样化的多媒体技术应用不仅丰富了商务交易平台的内容，还使整个页面充满了多彩、活跃的气息。

（二）多媒体技术推进了企业内部的信息交流

电子商务是现代化企业发展的重要组成部分，也是实现企业纵向与横向发展的关键途径，因此，在不断深化应用多媒体技术发展电子商务的过程中，也推进了企业内部的信息交流。多媒体技术推进电子商务内部信息交流的应用首先表现在商务企业能够通过多媒体，对企业的内部信息进行关注，并建立良好的学习型组织，实现商务管理制度与整个机构运作的互动机制。其次，利用网络化信息的共享平台，实现企业内部综合性的信息交流，提供多样化的学校交流与商务探讨形式，从而在这种信息共享化与公开化的

平台中，不仅方便了企业内部信息交流的便利性，还实现了整个商务企业管理水平的提升。最后，多媒体技术通过加强内部信息交流方式来体现。企业能够通过多媒体系统的支持，对内部文件以及内部数据库进行有效的管理，从而在这种有效的信息管理的过程中，实现企业资源的优化，提高企业运营的效率。

（三）多媒体技术提供了商品交流的信息平台

电子商务存在的目的便是实现商务交易，而多媒体技术便是为双方商务交易创造平台的载体，也就是说，多媒体技术能够在网页平台上，通过对商品进行描述、插入相关图片，来实现商品信息的表述，达到商品介绍的目的。所以，多媒体技术提供商品交流信息主要是利用了通信、图片处理、文字处理等相关技术。在 B2C 电子商务中，首先就需要让用户对商品信息进行浏览，从而决定是否进行交易。所以，这时就需要将相关的商品信息真实地呈现给用户，而要实现商品信息的表述就需要图像处理以及文字处理技术，从而将真实的商品信息传达给用户。要想一笔交易顺利完成，还需要双方沟通、协商，实现商品信息与货物的一致性，而要实现双方有效性沟通，就需要相关的通信技术作为辅助。由此可见，通过多样化的多媒体技术的应用，才能够更好地在电子商务中实现商品信息的传达，最终实现交易的成功。

电子商务是一种快捷、简便的商业交易活动，也是一种现代化技术发展、革新的新型商业运行模式，而多媒体技术便是助推该模式运营多样化、丰富化的技术保障，也是实现商业交易活动顺利进行的支持力量。所以，为了使电子商务实现完善发展，促成其运营的系统化与智能化，就需要以多媒体技术为坚实后盾，不断深化多媒体技术在电子商务中的应用，不断推进多媒体在电子商务中的技术创新，从而使电子商务在多媒体技术的辅助下，实现其自身结构的调整与优化的目的。

第三节　多媒体技术在电子商务网站设计中的应用

在我国，2015 年网民的数量已经超过了 6.68 亿。在这样的前景下，为了更好地吸引网民的眼球，争取更大的市场，企业会在电子商务的网站上采用多媒体的艺术设计，制作生动、有趣的画面，使网页更加吸引浏览者。电子商务网站的建设正上升到一个艺术的境界，让美在网站上和谐地体现出来，突出主题，呈现出一种艺术的美感。多媒体艺术设计其实就是运用多媒体的形式，包括文本信息、图像和图形信息、动画作品、音频信息和动态视频等方式，让人们在电子商务网站上更加有效地获得信息，让消费者轻松地实现网上购物、电子支付和网上交易，从而生活得更加舒适、便捷。

一、媒体编辑技术

不同的企业可以建立不同的网站，去实现"企业和个人""企业和企业""企业和政府"的信息交流，这种新型平台可以有效地达到信息传递、沟通交流、树立形象和宣传企业的目的。众多企业为了更好地吸引公众的眼球，在网站中大量运用多媒体技术，使网页更加生动、有趣，让公众印象深刻，"流连忘返"。

（一）视觉媒体

视觉媒体是构成网页的最基本元素，但经常受到计算机屏幕的限制，这就要求文字和图像布局做到错落有致、图文并茂，有层次，通过相应的制作让众多元素在网站上有机地组合起来。在使用文本信息时，要做到精致、简洁和有力，因为过长的文字会使阅读者产生视觉上的疲劳，对文字失去兴趣。

（二）听觉媒体

网站清晰悦耳的音乐，可以延长浏览者在网站的停留时间，从而把更多的信息传递给浏览者。网页的设计者将网站的主题和音乐旋律完美地结合起来，让浏览者赏心悦目。目前来说，网站上的音频文件主要有 MID、WAV 和 MP3 等格式。

（三）视听媒体

在多媒体的众多信息中，视听媒体是最有魅力的一种信息模式。这种媒体有利于存储、重放和高速传输。视听媒体的出现，增强了网页的感染力。

（四）交互媒体

在 Web（网页）环境下，人们是一个以主动参与者的特殊身份完成信息发布和处理任务的，而不仅是一个被动的信息接收者。网站的工作人员会根据网页各个阶段的发展状况，对网页进行处理和调整，及时反馈信息，改变经营模式。

二、多媒体技术的应用

电子商务网站的技术设计包含视听元素和版式设计两个方面。这两方面的结合，既有互动性，又有娱乐性；既有创意，又可以让浏览者过目不忘。网络技术和艺术创意的完美结合，使网页的设计和制作由平面向立体的方向发展，从视觉艺术走向了视听和多媒体的艺术方向。多媒体的技术发展，使技术和艺术相得益彰，把浏览者带入一个全新的世界，呈现出更加接近于电视和电影的欣赏效果。

（一）主题和谐

电子商务网站艺术设计要有一定的要求和主题的明确，诉求必须是有目的性的。电子商务网站要求网页的主题能立即被理解和接受，并满足人们的使用需求。在强调艺术的同时，更要注重视觉的感知力、冲击力和整体的风格，这样可以鲜明地突出整个网页的主题。网页的设计是为了呈现主题，网页的制作过程就是要把艺术和技术相结合，使人享受美的同时，实现网页的功能。如果只有美，而没有功能，就失去了电子商务网站的真正意义。

（二）与艺术设计结合

电子商务网站的内容是设计的灵魂，设计的内容指向了网站的主题、形象和题材。电子商务网站在建设时，需要明确企业网站的内容、主题和形式，这些都需要用多媒体的技术去展开设计，通过音频、视频等多媒体的资料去呈现主题信息，以清晰地表达出网页的内容，体现出网站艺术风格的与众不同。一个好的多媒体网站的设计，不仅需要吸引眼球，还需要表达出产品或者是服务的真实信息。多媒体的网站设计就是在网站信息的基础之上，结合文字、图像表现主题，传递信息。

（三）新的层次和高度

随着网络传输速度的不断提高，多媒体技术的不断更新换代，艺术和技术在电子商务网站上实现了完美的结合，这让电子商务网站更加富有魅力。它的功能其实是一个交流的界面，更是一个沟通的平台。这样的平台做到了企业的宣传、产品的介绍、销售渠道的增加，多媒体技术在电子商务网站上的运用，可以说拥有更加广阔的发展前景。对于一个电子商务网站的建设，要充分利用多媒体的技术优势，形象生动地表现一个主题，也可以全方位地去展示服务和产品，这是传统的、单一的媒体所无法完成的。多媒体技术在电子商务网站上的体现也将成为未来发展的一种趋势。

在科技高速发展的今天，网络已经走进了千家万户，在日常生活中扮演着非常重要的角色。电子商务网站的建设好像已经成为一种纯粹艺术的体验，它实现了一种新的艺术的创想，发挥了多媒体技艺的长处，满足了人们对电子商务网站的需求，让浏览者在观看电子商务网站的同时，去享受一场视听盛宴。

第四节　多媒体环境下的电子商务网站图片库

截至 2020 年 6 月，中国网民规模达 9.4 亿，企业为了充分吸引网民的眼球，争夺这一拥有巨大潜力的市场，纷纷建立各自的电子商务网站。在电子商务网站的建设中，运用了大量的多媒体技术，尤其是网站图片库的设计和建设日益被网站建设者所重视。

一般来说，电子商务是指利用现有的计算机硬件设备、软件系统和互联网设施，通过一定的通信协议而连接起来的，在电子网络环境之下进行的各种商务活动。电子商务网站覆盖了大多数传统商务的范畴。它不仅包括订货、付款、客户服务、售后服务等用户直接参与的商务环节，也涵盖了货物投递、销售、市场调研、网络广告宣传、财务核算等后台商务支持部分。电子商务网站交易的内容包括实体化商品和数字化商品，前者包括书籍、服装、家具、家电、日用百货等，后者包括新闻、视频、游戏、软件等。有的电子商务网站还可以提供远程教育、网络银行等服务。所以，从广义的角度来看，任何通过 Internet 来进行的买卖活动都可以归属电子商务范畴。

一、多媒体技术

多媒体技术在网络信息领域的应用十分广泛。所谓的多媒体技术是指，能够同时获取、处理、编辑、存储、展示两种以上不同类型的信息媒体的技术。按照人类感知信息的途径不同，我们可以将媒体分为以下五类：视觉类媒体、听觉类媒体、触觉类媒体、嗅觉类媒体和味觉类媒体。在电子商务网站中使用的多媒体技术主要为视觉类媒体、听觉类媒体、视听类媒体和交互类媒体，而目前电子商务网站的设计和建设主要采用的还是视觉类媒体和听觉类媒体，包括声音、文字、图形、图像、视频和动画等，通过这些媒体信息可以传递大量的数据。而且与传统的传播途径相比，电子商务网站的多媒体还有实时性、直观性强等优势。据相关资料统计，在这些多媒体信息中视觉类媒体、听觉类媒体、触觉类媒体的信息传播量分别占能被理解的信息的 83%、11% 和 3%。由此我们可以得出，在人类接收的信息中，大部分是靠视觉和听觉传递而来的。对于视觉类和听觉类媒体，人类已经有了较为深入的研究，不论是在传输方面，还是在存储协议和数据压缩方面，都有着统一的标准。

值得一提的是交互媒体。它是指在 Web 环境下的电子商务活动中，用户由一个媒体信息的被动接受者转型为媒体信息的主动参与者，加入信息的加工、处理和发布之中。

二、多媒体技术在电子商务网站图片库建设中的应用

目前的电子商务网站在商品展示时大多是采用同一个模式，即图片加文字。在商品外观的展示方面主要就是依靠图片。这种展示方式的缺陷就在于，不仅会受到每个网页能够显示图片数量的制约，而且缺乏和用户的交互性。消费者在购买一件商品时，为了更清楚地了解商品，就要浏览很多图片，要同时打开多个网站。这样会给消费者的眼睛和耐心带来考验，更是大大减少了消费的乐趣。

为了解决前述问题，商务网站的设计者和建设者采用了 Flash 技术和开源的 3D 引擎技术来实现电子商务网站的图片库展示。通过这些技术，可以让一个电子商务网站的商品图片库中的图片在同一个窗口中展示，帮助用户更轻松地浏览商品信息。

（一）Flash 技术

Action Script 是针对 Adobe Flash Player 运行环境的编程语言，并通过 Adobe Flash Player 的 Action Script 虚拟机来执行，可以在 Flash 的内容和应用程序中实现信息交互、数据处理以及其他许多功能。

（二）开源的 3D 引擎技术

这里开源的 3D 引擎技术是指 Papervision 3D（PV3D）技术。电子商务网站的设计者和建设者利用这一技术可以相对容易地制作出较为理想的、具有 3D 效果的图片库。通过 PV3D 技术，可以建立更加绚丽、壮观、功能强大的 Flash 3D Web。每个 PV3D 程序都需要四个类：（1）Viewport 3D，它是 PV3D 的"窗口"，通过这个"窗口"，你可以看到外面的世界，但它仅仅是定位在墙上的一个窗口，没有具体的函数提供，也正如墙上的一扇窗那样，通过 Viewport 3D，我们只能放置一个 3D 场景而已；（2）Scene 3D，是指通过 Viewport 3D 这一"窗口"，我们所能看到的所有东西；（3）Camera 3D，可以根据我们的想象捕获 3D 的动作属性；（4）Basic Render Engine 3D，我们用它加工 3D，渲染效果。

（三）Pinterest 的兴起

Pinterest 可以为其用户提供在线的虚拟图片墙服务，帮助用户收集、整理、储存和分享喜欢的图片。其所采用的瀑布式布局，提供了自动加载功能，用户无须翻页，轻轻转动鼠标的滚轮，新图片就会源源不断地呈现在面前，使用户的操作变得十分简单，降低了电子商务网站的使用门槛，吸引更多的用户登录网站进行消费。

相对于其他的图片网站，Pinterest 还具备交互和分享功能，使用者可以把在网站上发现的新鲜事物和图片分享给社交网络中的朋友，这为电子商务网站的发展带来了新的商

机，克服了传统电子商务网站缺乏社交属性和媒体属性的缺点。传统的电子商务网站大多是按提供商品的类别设置商品陈列和商品搜索的，对于没有明确购物意向的浏览者缺乏吸引力。Pinterest通过使用者和使用者之间的相互关注和分享，就会起到引导消费、刺激使用者购物欲的功能。以"美丽说"和"蘑菇街"为例，它们都属于女性时尚购物社区类型的电子商务网站。用户通过分享的购物链接，在线交流梳妆打扮和时尚购物心得。

"美丽说"分享的事物范围主要集中在服装、鞋子、包、配饰、首饰、化妆品等方面，除了提供与Pinterest相似的瀑布式页面自动加载功能，还具有Pinterest的图片墙功能，用户可以自行建立网络杂志，将网购的图片加入自己的杂志之中，同时也可以浏览其他用户的杂志。另外，"美丽说"还新增了试穿试用功能和团购服务。"美丽说"使用者分享的网购链接最终都导向到淘宝网等电子商务网站，让使用者感觉到不是自己一个人在淘宝逛街，而是与许多志同道合的网友一起分享逛街购物的乐趣。时尚达人们的加入，不断地影响网购潮流。而"蘑菇街"更加倾向于网购社区化，增加社区成员之间的紧密性。

电子商务网站具有帮助企业达到自身与个人、企业和政府快速沟通、宣传企业文化、树立企业良好形象的目的。利用多媒体技术展示网站图片库，更有助于这一目的的实现。

第四章　多媒体环境下电子商务网站的发布

网站制作好以后必须发布到互联网上才能被客户浏览，本章主要介绍电子商务网站建设域名注册及发布工作。了解电子商务网站的建站方案；掌握域名的结构知识和域名命名。了解我国域名管理体系、网络业务提供商（ISP）的分类，以及网站的备案流程；了解网站测试软件，掌握网站的发布与上传步骤；了解网站推广的主要方法。能独立完成企业网站建设的域名设计、域名注册、网站空间申请。网站备案、网站上传，以及网站的推广等基本工作。

第一节　电子商务网站的建站方式

企业电子商务网站建设有两种基本方式：一是自营自建 Web 服务器；二是网站建设外包。网站建设的第一步首先要决定是由自己内部人员建立网站，还是委托专业的网站建设服务商来建立。企业要根据自己的实际情况和财务实力选择相应的建站方式。

一、自建自营 Web 服务器

随着互联网的推广和电子商务的发展，企业管理的理念正在由企业内部管理的挖潜向企业外部客户延伸，随之而来出现了企业内部的局域网络与互联网相连接的趋势。同时，企业内部网（Intranet）广泛采用互联网的技术，如内部 Web 网站、E-mail 服务器等，方便实现企业内外信息的沟通和共享。很多大中型企业为了实现企业的信息化管理，一般都组建了企业的 Intranet，并和 Internet 相连接。

在这种情况下，企业一般可以设置独立的 Web 服务器，放置企业自己的各种应用服务器和数据库，提供企业内部信息的共享和管理外部 Internet 服务。自营自建 Web 服务器对于站点的管理、维护以及信息的及时更新提供极大的灵活性，并且通过完善的设计和管理，使站点具有较高的安全性和可靠性。企业 Web 服务器接入互联网的系统结构中。这时企业的 Web 服务器是通过企业网的路由器与 ISP 相连，同时必须为 Web 服务器指定一个静态 IP 地址。为了加强企业网的安全性，可以在企业网和服务商之间增加防火墙或代理服务器。

自营自建 Web 服务器对企业的专业技术人员和专门的设备要求较高，要求企业有较强的技术力量来支持网站的开发、维护和管理。但这种网站建立方式资金投入量大，适合如百度、阿里巴巴、IBM 等国际大公司。如果企业发展已有一定规模，网站与企业的业务息息相关，网站建设不必外包给其他公司，而由公司内部负责聘用熟悉网站建设的专业员工负责网络建设。

二、电子商务网站建设外包方案的选择

外包是随着信息技术的发展新近兴起的一项管理技术。所谓外包（Outsourcing），是企业为保持其核心竞争能力，将组织的非核心业务委托给外部的专业公司完成，以降低营运成本，提高品质，集中人力资源，提高顾客满意度，解决组织人力不足的困境。利用外包，企业可以动态地整合自身和其他企业的功能和服务，并利用企业外部的资源为企业内部的生产和经营服务。外包可以给企业带来新的活力。

外包是指企业以合同的方式委托专业服务提供商为企业提供部分或全部的工作。应用服务供应商（ASP）是指通过互联网为企业或个人提供配置、租赁和管理信息技术应用等外包服务的专业化服务公司。如果企业的网站只是用来宣传公司形象、展示公司产品，而且企业内部没有比较懂网站建设的员工，或者内部的维护成本过高，建议将网站建设任务外包给一家确保网站建设质量、已有多个成功案例的网站建设团队。比较而言，将电子商务网站建设工作外包出去，具有迅速建立电子商务网站、节省开发费用及获得专业化的服务等优点。

（一）定制建站与自助建站

1. 自助建站

所谓的自助建站，就是利用专业公司开发设计的网站自动生成网站系统来搭建自己的网站。它是专门针对那些对网页代码不熟悉（或者通俗说不懂制作网站）的单位或个人使用的网站生成系统，通过这套系统企业可以制作简单网站。

自助建站的操作比较简单，企业只需通过自助建站提供商提供的账号密码登录提供商网站的管理平台，在线自助选择网站的界面、功能（比如文章栏目、产品发布栏目、留言栏目等）最终直接发布到空间上供用户浏览访问。自助建站的优点：相对费用低、界面友好、网站功能多样、发布周期短，只需要几十分钟就可以建立一个宣传网站。缺点是：一方面，就是企业没办法将网站迁移到其他空间上，一旦想迁移网站，只能选择其他公司的自助建站或者定制建站服务；另一方面，改版不方便，系统里面没有的功能

无法添加，还有就是搜索引擎优化方面，有些自助建站系统生成的网站中的文本内容大部分是包含在代码里面，搜索引擎很难收录你的网站或者为网站进行权重的计算。

2. 定制建站

定制建站就是聘用网站建设专业团队根据企业的需求，定制一套符合企业需求的网站的发布站系统。一般开发周期比较长，而且费用相对比较高。定制建站的优点是为企业量身定做、最大限度地为企业创造效益；改版方便，而且不受 ISP 空间服务商的限制，可自由迁移。

定制建站的缺点是价格比较高，网站系统性能及效果受网站开发人员的专业水平影响，开发周期比较长。由于开发每个功能都需要开发方投入相应的人力物力，因此，每个功能都会占用一定的费用比例，而开发人员的专业水平直接影响网站的安全性、稳定性、负载能力。

3. 应用服务外包

企业在签署的外包协议或合同的基础上，将其部分或全部与业务流程的相关应用委托给互联网服务提供商（ISP），由服务商通过网络管理和交付服务并保证质量的商业运作模式。应用服务供应商根据客户的需求，构建应用系统运行平台，并保证这些业务流程的平稳运转，即不仅要负责应用程序的建立、维护与升级，还要对应用系统进行管理，所有这些服务的交付都是基于互联网的，客户则是通过互联网远程获取这些服务。随着人类从工业经济时代迈向电子商务时代，应用服务外包可能成为重塑 IT 产业未来发展方向的一种产品及服务模式。

在 ISP 模式下，强调的是应用系统的应用而不是所有权，应用企业不再拥有应用程序，也不需要负责对程序内外部维护。客户在签订合同后（通常是一份较长期的合同，时间在一年以上），就可以通过浏览器连接到位于远端的、集中式服务器上的应用程序，然后在本地处理应用程序计算产生的结果。应用服务外包的本质是通过社会分工的进一步细化，整合人员、硬件、软件和网络技术，提供商业解决方案，从而提高社会资源配置效率，推动社会经济加速向前发展。

（二）主机托管和虚拟主机

1. 主机托管

所谓主机托管，是指企业将自己购置的 Web 服务器放到 ISP 设立的机房，每月支付必要的费用，由 ISP 代为管理维护，而客户从远端连线服务器进行操作的一种服务方式。如果企业想拥有自己独立的 Web 服务器，同时又不想花费更多的资金进行通信线路、网络环境、机房环境的投资，更不想投入人力进行 24 小时的网络维护，可以尝试主机托管服务。托管企业对服务器设备拥有所有权和配置权，并自行设计预留扩展空间。同时，它可以享受到 ISP 专业服务器托管服务，7×24 小时全天候值班监控，包括稳定的网络带宽、恒温、防尘、防火、防潮、防静电等服务。

主机托管相比虚拟主机，可以摆脱虚拟主机受软硬件资源的限制，能够提供高性能的处理能力；相比自营服务器，有效降低维护费用和机房设备投入、线路租用等高额费用。主机托管非常适用于大空间、大流量业务的网站服务，或者是有个性化需求、对安全性要求较高的客户，适合中型企业建设网站的需求。

2. 虚拟主机

虚拟主机的出现，是对 Internet 技术的重大贡献。虚拟主机是使用特殊的软硬件技术，把一台运行在互联网上的服务器主机分成多台虚拟主机，每一台虚拟主机都具有独立的域名和 IP 地址，具有完整的 Internet 服务器（WWW、FTP、E-mail 等）功能，虚拟主机之间完全独立，并可由用户自行管理，在外界看来，每一台虚拟主机和一台独立的主机完全一样。由于多台虚拟主机共享一台真实主机的资源，每个用户承担的硬件费用、网络维护费用、通信线路的费用均大幅度降低，使 Internet 真正成为人人用得起的网络。虚拟主机适合于一些中小企业建立构建小型、结构较简单的网站。

企业根据需要租用 ISP 服务商提供的"虚拟主机"的空间，按照"虚拟主机"指定目录将企业的网页和其他资料放到网上。企业和其访问者通过 ISP 服务商代理的高速网络系统，就好像在真实的主机上进行企业网上贸易信息的交流与传递。由于主机管理与维护的大多数工作由 ISP 服务商完成，企业可以不用担心技术障碍，企业管理"虚拟主机"的主要工作就是网页上传和电子邮件的处理。

第二节　申请和注册域名

无论企业通过什么方式接入互联网，要在互联网从事电子商务活动必须为网站注册一个域名。本节主要介绍域名申请和设计的知识。

一、域名概述

（一）域名的概念

域名是 Internet 上的一个服务器或一个网络系统的名字。从技术上讲，域名只是 Internet 中用于解决地址对应问题的一种方法，可以说只是一个技术名词。

电子商务、网上销售、网络广告已成为商界关注的热点。在 Internet 上注册域名是实现电子商务活动的第一步。要想在网上建立服务器发布信息，则必须首先注册自己的域名，有了自己的域名才能让别人访问到自己。所以，域名注册是在互联网上建立服务的基础。

（二）注册域名的重要性

随着 Internet 的发展，从企业树立形象的角度看，域名又从某种意义上和商标有着一定的联系。许多企业在选择域名时，往往希望用和自己企业商标一致的域名，域名和商标相比又具有更强的唯一性。企业的域名也被商界誉为"企业的网上商标"，因而有着巨大的商业价值。

同时，由于域名在全世界具有唯一性，因此，尽早注册又是十分必要的。一个企业如果想在互联网上出现，只有通过注册域名，才能在互联网上有自己的一席之地。由于国际域名在全世界是统一注册的，因此，在全世界范围内，如果一个域名被注册，其他任何机构都无权再注册相同的域名。所以，虽然域名是网络中的概念，但它已经具有类似于产品的商标和企业的标志物的作用。

（三）域名结构

域名由若干个英文字母和阿拉伯数字构成，中间由点号分隔开。从右到左依次为顶级域（或一级域）、二级域、三级域、四级域，如在域名 http：//news.sina.com.cn/ 中，顶级域为 cn、二级域为 com、三级域为 sina、四级域为 news。

二、域名的设计

在注册前先设计域名。很多企业都想设计一个很响亮的名称，以便于网站推广。下面介绍域名命名规则和域名设计的一般性原则。

（一）域名命名规则

①域名中只能包含以下字符：26 个英文字母；0 ~ 9 共 10 个数字；"-"（英文中的连词号），在域名中，不区分英文字母的大小写。②域名长度不得超过 20 个字符。各级域名之间用实点（.）连接。③不得注册其他公司拥有的驰名商标和国际知名企业的商标；不得使用或限制使用国家规定的某些文字内容，不得使用含有类似于"Chinese""china""cn""nation"等字样的域名和国名、国际组织名称、外国地名等。

（二）域名设计

域名设计是网站规划中很重要的一项工作，是网站 CI 设计中的重要一步。一般来说一个易记、逻辑性强、从字面意思上能够反映网站服务内容或宗旨的域名更能提升网站的形象，让人们记住这个网站，愿意向朋友介绍这个网站。因而域名设计要注意以下几点：

①遵循域名命名的全部规则。②简洁，以 4～8 个英文字符为宜。但由于技术问题，目前域名只能使用字母、数字和一些特殊符号，因此，在设计域名时，特别是当网站主要面对国内市场的时候，英文字符一定不宜多，控制在 4～8 个为宜。③逻辑性字母组合。为了便于记忆和传播，设计域名一般应选用逻辑字母组合，常用技巧是用企业名称或商标的汉语拼音、英文名称、英文缩写或者以上的组合。例如：英语单词组合、汉语拼音组合和其他逻辑性字母组合三种（如纯数字组合 8888.com，"字母＋数字"组合 google123.net，"英文＋拼音"的组合 chinaren.com 等）。④不建议使用"-"。这个字符一般用于逻辑字母组合中，但由于在书写时容易混淆，因此除非有特殊逻辑含义，一般也不建议使用。⑤慎选后缀。在域名选择上，国际顶级域名 ".com" 是最常见的域名，而且很大程度上已经抢占了网民的首要意念，多半人在记不清某域名后缀时都会先试用 ".com"。如果必须选择其他后缀，也建议选择如 ".net、.org、.com.cn" 等比较常见的域名。

（三）域名管理体系

1. 域名注册管理机构

为了保证互联网络的正常运行和向全体互联网络用户提供服务，国际上设立了国际互联网络信息中心（ICANN）为所有互联网用户服务。ICANN 是事实上的国际域名注册管理机构，一个非营利性的国际组织，负责互联网协议（IP）地址的空间分配，协议标志符的指派，通用顶级域名、国家和地区顶级域名系统的管理，以及根服务器系统的管理。为了确保域名注册和解析途径的唯一性，避免发生域名冲突，通常每一个顶级域名都是由 ICANN 授权给一家特定机构来负责其注册管理。在国际域名体系中，顶级域名中的地理顶级域名，通常是由相应国家或者地区的互联网信息中心（NIC）负责。例如，在我国，".cn" 域名就是在工业和信息化部的授权下由中国互联网网络信息中心（CNNIC）具体负责的。

2. 中国域名管理体系

我国国务院信息化办公室是中国互联网域名体系的管理者，负责制定中国互联网域名管理的政策；负责认定、授权顶级域名 ".cn" 的运行管理及 ".cn" 以下域名的注册服务；负责监督各级域名的注册服务。中国互联网域名体系采取各国通常的做法，设置类别域名和行政区域名两套域名体系。

我国类别域名包括 6 类：用于科研机构的"ac"、用于工商金融企业的"com"、用于教育机构的"edu"、用于政府部门的"gov"、用于互联网络信息中心和运行中心的"net"、用于非营利组织的"org"；行政区域名按中国国家标准，包括 34 个行政区，适用于省、自治区、直辖市。

CNNIC 工作委员会协助国务院信息办管理中国互联网域名系统，向国务院信息办提出有关域名管理方面的建议，并对域名管理工作的实施进行监督，CNNIC 是工作委员会的日常办事机构。1997 年 4 月发布的《中国互联网络域名注册暂行管理办法》，是中国互联网域名体系的一个基本文件，《中国互联网络域名注册实施细则》是根据《中国互联网络域名注册暂行管理办法》制定的一个在具体实施过程中的重要依据。

3. 国际域名的注册

国际域名也称为机构性域名，它的顶级域表示主机所在机构组织的类型。一般来说，大型的或有国际业务的公司、机构应该使用国际域名。国际域名最好通过 ICANN 认证的域名注册服务商或 Network Solutions 公司认证的域名注册服务商来注册。

4. 国内域名注册

（1）域名注册管理体系

从 2002 年 12 月 16 日开始，CNNIC 作为 CN 域名注册管理机构，不再直接面对最终用户提供域名注册服务，域名注册服务将转由 CNNIC 认证的域名注册服务机构及其代理商提供。

（2）国内域名注册及注意事项

①域名申请者自己负责选定其域名。需要指出的是：CNNIC 规定国内域名必须以公司名义注册，所以在提交订单的时候要写清楚公司的全称。②域名注册服务的原则是"先来先注册"，不受理域名预留。③中国互联网注册的域名实行年检制度。④已注册的域名可以变更或撤销，但不准买卖或转让，如有违反，CNNIC 有权撤销其域名，并暂停其所有注册域名运行 6 个月。⑤外国企业或机构要在"cn"的二级域名以下注册域名，必须在中国境内设有分支机构或办事处，并且其主域名服务器设在中国境内。⑥在中国境内接入互联网，而其注册的顶级域名不是"cn"的，要求在 CNNIC 备案，以保证其合理而有效地运行。

5. 中文域名和通用网址

（1）中文域名

中文域名是含有中文的新一代域名，同英文域名一样，是互联网上的门牌号码。中文域名在技术上符合 2003 年 3 月份国际互联网工程任务组（IETF）发布的多语种域名国际标准（RFC3454、RFC3490、RFC3491、RFC3492）。中文域名属于互联网上的基础服务，注册后可以对外提供 WWW、E-mail、FTP 等应用服务。

注册的中文域名至少需要含有一个中文文字，可以选择中文、字母（A～Z，a~z，大小写等价）、数字（0～9）或符号（-）命名中文域名，但最多不超过 20 个字符。目前有"CN""中国""公司""网络"四种类型的中文域名供注册。

（2）通用网址

通用网址都是由 CNNIC 推出的一种新兴的网络名称访问技术，通过建立通用网址与网站地址 URL 的对应关系，实现浏览器访问的一种便捷方式。企业将产品、服务或行业名称注册通用网址服务后，用户无须登录任何网站，直接在浏览器地址栏中输入产品、服务或行业名称，就能直接找到企业网站。例如，如果要访问 CNNIC 的网站，只要在地址栏中输入"中国互联网络信息中心"，就可以迅速到达 CNNIC 的网址 http：//www.cnnic.net.cn.

需要注意的是，中文域名和 CN 域名属于域名体系，中文域名是符合国际标准的一种域名体系，使用上和英文域名近似，作为域名的一种，可以通过域名系统（DNS）解析，支持虚拟主机、电子邮件等服务。通用网址是一种新兴的网络名称访问技术，是通过建立通用网址与网站地址 URL 的对应关系实现浏览器访问的一种便捷方式，是基于 DNS 的一种访问技术。

第三节　选择 ISP 申请网站空间

一、ISP 简介

ISP（Internet Service Provider，互联网服务提供商）是向广大用户综合提供互联网接入业务、信息业务和增值业务的电信运营商。ISP 的服务主要包括接入服务和信息内容服务两方面，因此 ISP 也分为 IAP（Internet Access Provider，Internet 接入服务商）和 ICP（Internet Content Provider，互联网内容服务商）两大类。

互联网接入服务是指利用接入服务器和相应的软硬件资源建立业务结点，并利用公用电信基础设施将业务结点与互联网骨干网相连接，为各类用户提供接入互联网的服务。用户可以利用公用电话网或其他接入手段连接到其业务结点，并通过该结点接入互联网。

目前，我国从事企业或个人接入服务的主要有中国电信、中国联通等互联网运营单位及其在各地的分支机构和下属的组建局域网的专线单位。

互联网内容提供商（ICP）是利用互联网从事信息内容提供、网上交易、在线应用等向广大用户综合提供互联网信息业务和增值业务的电信运营商。国内知名的 ICP 有新浪、搜狐、网易等。随着以内容为主的互联网发展特征逐步明晰，大部分 ICP 也同时扮演着 ISP 的角色。

二、ISP 选择

目前在互联网上提供网站空间服务的 ISP 很多，每一个 ISP 都有自己的服务器，并且通过专门的线路 24 小时不间断地连接在 Internet 上。在众多 ISP 中存在着规模有大有小的情况，服务质量良莠不齐，如何选择 ISP 提供的网站空间呢？

选择网站空间 ISP 主要应从以下几方面着手：

（一）专线带宽、中继线数量

决定 ISP 提供服务质量好坏的首要因素是出口带宽。网络之间都是用线缆进行连接，网络出口带宽是指 ISP 接入网络上级的线路出口带宽，和它的网络上级互联单位的出口带宽。出口带宽数据可反映出 ISP 本身被以多高的速率连接到 Internet 或其上级 ISP，是体现该 ISP 接入能力的一个关键参数。当然出口带宽应是越大越好，用户首先应了解的是选择的 ISP 的线路出口带宽。

再就是 ISP 提供的中继线数量。中继线的多少决定了该 ISP 可以同时支持的用户数。也就是说，如果该 ISP 有 100 条中继线就可以同时支持 100 个用户上网；就像某些热线电话一样，如果 ISP 没有提供充足的中继线，就可能很难拨通。有的 ISP 租用中继线，而有的 ISP 是电信部门直接主办的。

（二）Web 服务器的速度和稳定性

服务器最主要的就是速度和稳定性、安全性和质量。可以选择服务器是放在双线机房里的，提供的双线路服务器是单网卡双 IP 的，因为双线服务器会为每个服务器提供电信／网通各一个 IP 地址，相对其他服务商提供的单 IP 的解决方案会好些。其次，还要选择网络的稳定性，如果能够每天定时数据备份，保证数据安全才是最好的。

（三）技术支持和服务能力

技术支持能力包括：Web 服务器操作系统，是 UNIX 还是 Windows；支持什么 Web 应用程序，是 JSP，还是 ASP、PHP；支持什么类型的数据库，是 SQL Server、Oracle

数据库，还是 MySQL 数据库等；是否能解决 Web 服务器安全漏洞等问题。

再者，售后服务是至关重要的，能否为客户及时解决售后的有关技术等方面的问题，是否为 7×24 小时的服务。在购买空间的同时，要了解清楚，该公司是不是合法正规的，看其是否有工商部门等相关部门颁发的 ISP、ICP 凭证；接入商的成立时间及其在这个行业的经验。也可以从侧面了解接入商的信誉、服务水平等信息。

（四）费用

ISP 的收费方式多种多样，除申请时一般需要一定费用（开户费）外，还有使用中的收费。

三、网站空间选择的几个误区

企业自建自营 Web 服务器，不存在虚拟主机空间的问题。如果企业选择虚拟主机空间建设企业网站，就需要避免以下误区：

（一）空间越大越好

网站空间简单地说就是存放网站内容的空间。网站就是建立在 Web 服务器上的一组计算机文件，它需要占据一定的硬盘空间。网站空间的使用需要先向 ISP 服务商申请，还要到国家信息产业部进行备案。

很多企业在建站时，以为空间越大越好，其实不然。一个企业网站需要多少空间呢？例如一个网站有 100 个网页，每个网页 20 KB，再加上一些图片文件，最多不超过 5 MB，另外企业需要存放反馈信息和备用文件的空间，和另外一些硬盘空间的剩余（否则容易导致数据丢失）。一个一般的中小型企业网站总共大概需要 20～30 MB 的网站空间（虚拟主机空间）就足够了，租用太大的空间会白白浪费。因此，对于大多数企业网站来说，大容量虚拟主机空间毫无意义，所以还是要根据自己的使用需要来选择，以免造成浪费。

（二）费用越便宜越好

空间的价格绝对不是越便宜越好，一些网络公司提供的价格虽然很便宜，但是它们往往将大量的网站放在同一台服务器上，从而使每个网站的出口带宽很窄，网页浏览速度很慢，最重要的是极不安全。

从另一方面来讲，虚拟主机空间还有几种不同的类型。普通的空间只支持静态 HTML 网页，而一些高级的虚拟主机空间可以支持动态网站程序，但这种空间的租用价格往往比普通的空间贵几倍；还有一种是提供数据库空间，可以支持数据库型的动态网站，其价格又要高很多。总之，用户在租用虚拟主机空间时应当首先了解自己的网站需要哪一种空间，然后才是对其价格进行比较。

四、网站空间申请

目前大多企业选择虚拟主机空间的方式建设企业网站。如果采用虚拟主机的网站主办者，需要向空间提供商提出购买空间申请，可以向购买域名的 ISP 网站申请，也可以向其他 ISP 空间提供商申请购买空间，如中国联通、中国电信等。

由于虚拟主机空间是 ICP 服务商提供的一项商业服务，所以每个 ICP 服务商的申请流程都不太一样，当选择好 ICP 服务商后，可以打电话咨询具体流程。下面介绍的是一般 ICP 服务商提供的申请虚拟主机的申请流程：

登录提供网站空间的 ISP 网站→注册会员→点导航栏的虚拟主机→选择相应空间立即购买→填写 FTP 账号和密码→确认申请→成功。

成功开通后可以直接通过系统赠送的三级域名访问，如不知道赠送的三级域名，可登录会员后台，点左边的产品管理→主机产品→控制面板→基本信息。

如须使用顶级域名访问，还需要到备案网站申请备案，有备案号后方可使用顶级域名。

五、网站备案

（一）备案的概念

网站备案是指由网站的域名向工业和信息化部提交网站的相关信息。根据工业和信息化部第十二次部务会议审议通过的《非经营性互联网信息服务备案管理办法》精神，在中华人民共和国境内提供非经营性互联网信息服务，应当办理备案。未经备案，不得在中华人民共和国境内从事非经营性互联网信息服务。而对于没有备案的网站将予以罚款或关闭。网站备案主要针对有网站的域名，没有网站的域名不需要备案。

备案是指向主管机关报告事由存案以备查考。网站备案的目的就是防止在网上从事非法的网站经营活动，打击不良互联网信息的传播。备案大体分成两种：一是经营性备案；二是非经营性备案。非经营性备案相对较多，经营性备案条件限制很多，须专门审批。

非经营性互联网信息服务，是指通过互联网向上网用户无偿提供具有公开性、共享性信息的服务活动。从事非经营性互联网信息服务的企事业单位，应当向省、自治区、直辖市电信管理机构或者国务院信息产业主管部门申请办理备案手续。非经营性互联网信息服务提供者不得从事有偿服务。

经营性互联网信息服务，是指通过互联网向上网用户有偿提供信息或者网页制作等服务活动。从事经营性信息服务业务的企事业单位应当向省、自治区、直辖市电信管理机构或者国务院信息产业主管部门申请办理互联网信息服务增值电信业务经营许可证。申请人取得经营许可证后，应当持经营许可证向企业登记机关办理登记手续。

（二）网站备案流程

网站备案是我国法律规定的，网站主办者可登录接入服务商企业系统自主报备信息或由接入服务商代为提交信息。网站备案一般遵循以下流程：

1. 网站主办者须向 ISP 空间服务商提供企业详细信息及其纸质资料。

企业需要提供的纸质资料包括以下内容：

加盖网站所有者公章的《经营性网站备案申请书》。

加盖网站所有者公章的企业法人营业执照或个体工商户营业执照的复印件。如果网站有共同所有者，应提交全部所有者企业法人营业执照或个体工商户营业执照的复印件。

加盖域名所有者或域名管理机构、域名代理机构公章的域名注册证复印件，或其他对所提供域名享有权利的证明材料。

主办单位企业法人身份复印件（加盖公章）。

网站名称：如"黄土地网"，不能为域名、英文、姓名、数字。

网站 IP：填写企业网站主机（或虚拟主机）的 IP 地址。

网站服务内容：填写备案网站的服务内容，如信息服务、论坛等。

网站前置审批专项：如果网站服务内容是从事新闻、出版、教育、医疗保健、药品和医疗器械等互联网信息服务的，或电子商务交易的，还需到通信管理局进行经营性信息服务专项审批。

证件住所：填写主办人的详细地址。如网站主办者为单位，联系方式是指网站负责人手机号码、办公电话、电子邮箱、通信地址；如网站主办者为个人，联系方式是指网站负责人手机号码、办公电话或住宅电话、电子邮箱、通信地址。证件住所要明确能够找到网站主办人。

网站负责人与法人不一致须提供委托书原件（盖公章，法人签字）。

2. 接入服务商核实备案信息。

接入服务商对网站主办者提交的备案信息进行当面核验：当面采集网站负责人照片；依据网站主办者证件信息核验提交至接入服务商系统的备案信息：填写"网站备案信息真实性核验单"。

第五章　信息时代背景下的电子商务研究

第一节　自媒体时代电子商务信息不对称

近年来，随着网络进一步发展，电子商务发展趋势良好，而电子商务自身的特点，使信息不对称表现尤为突出；同时，自媒体在普通民众生活中扮演着日益重要的角色，人们不仅可以通过微信、微博等平台随时随地发布信息，还可以在各种自媒体平台上发表自己对于商品的看法和意见，向网友们介绍某种商品的优点和缺点。显然，我们已进入了自媒体时代，再加上手机贴身性、实时性、交互性等特点，人们接触商品信息的渠道就更加多元化，比如小红书、微博等。本节通过研究发现，自媒体时代很大程度上减少了电子商务不对称信息现象，与此同时，相关部门应加强监督管理，注重提升民众的参与意识和素质。

一、研究背景

信息不对称缘于对实体经济的研究，由肯尼斯·约瑟夫·阿罗于1963年首次提出。信息不对称是指在市场活动中，各类人员对有关信息的了解存在差异，信息掌握较充分的人员处于有利地位，而信息贫乏的人员则往往处于不利地位。而处在信息不对称的市场时，质量好的商品更易被质量差的商品淘汰，导致市场中都是质量差的商品。这种现象被称为"柠檬市场理论"。

现如今，我国电子商务市场发展繁盛。但由于我国网络购物方面的法律尚不健全，即使在电子商务蓬勃发展的初期，也无法全面有效监管网购全过程，加剧了电子商务买卖双方之间的信息不对称问题，也不断出现商品实物与卖家披露信息不符的现象。并且基于电子商务的特点，信息不对称现象在电子商务领域更加明显。以淘宝网为例，它的确给人们生活带来诸多便利，但产品质量、商家信誉、物流信息更新、售后服务保证等都成为人们网购中不顺畅的原因。

自媒体又称"公民媒体"或"个人媒体"，其作为一种"去中心化"的媒体，准入标准非常低，只要在网站或 APP 上注册并拥有一个账号就可以成为信息的发布者。因此，自媒体时代的信息发布具有私人化、平民化、普泛化、自主化的特征。随着手机网民的数量不断增多，自媒体作为网络数字化时代传媒发展的新产物，为普通公民提供了更多发表观点的平台，使得信息传递更加便捷和广阔。普通民众可通过自媒体平台即时获取和发布信息，并迅速对周围人产生影响。同时网友通过点赞、转发等方式进一步扩大影响力。由此可见，自媒体时代的信息会对民众及经济社会等产生更加深远的影响。那么，自媒体时代的繁荣是否会对电子商务信息不对称产生影响，是本节讨论的重点。

二、自媒体时代对市场信息不对称的影响

（一）自媒体时代拓宽了买卖双方交流的渠道，减少了电子商务不对称性信息的产生

电子商务买卖双方在传统媒体时代基于网络进行交易时，买家仅能通过卖家发布出来的商品文字与图片来了解卖家的商品信息。而卖家在文字描述商品过程中，可能会使用一些含糊的词语，同时很可能会为了发布商品图片的美观，而利用 PS 等软件对商品的颜色、版型等做出一定的调整。这样一来，买家只能掌握较少的商品质量信息，并不能用肉眼直接观测到商品的质量，因此在质量信息上的不对称使买家处于劣势地位，相对的，卖家处于优势地位。根据"柠檬市场理论"，很多买家因此会较为谨慎地进行网络购物，防止上当受骗。而现在借助自媒体的繁荣发展，很多商家可以在自家的个人账号上宣传商品，比如直播等形式，能让买家看到更多、更直观和更准确的信息，减少信息不对称。另外，买卖双方直接交流，也可以使买家多方位全方面了解商品，更大限度打消买家顾虑。

（二）自媒体时代加大了个人舆论的影响力

在电子商务发展初期，一方面，由于大部分网络开店成本极低，卖家并不担心无法收回成本，因而对信誉问题不甚在意；另一方面，各大电商平台中店铺普遍存在"刷信誉"的行为，本意让买家对商品质量做出判断的"宝贝评价"其实没有想象中那么真实可靠，因而买家并不能得到准确的商家信誉信息，导致买卖双方存在较为严重的商家信誉信息不对称问题。而自媒体时代的"零门槛"、开放性、资源共享等特征为消费者提供了更多表达和维权的机会。同时由于"粉丝经济"的存在以及自媒体的发达，网红市场日益饱和，因此，很多网红会比较爱惜自己的"羽毛"，确保产品质量，防止自己"掉粉"。以笔者亲身经历为例，曾出演《最好的我们》中洛枳学姐一角的晁然在天猫上有某服装店铺，"双十一"活动中，因为厂家原因，预售的商品不能按时交货，但店铺主动承责任，

主动联系买家补偿。买家感受到了满满诚意，增加了对店铺的信任度和"黏性"。

（三）自媒体时代给信息真实性提出了挑战

随着自媒体的兴起，本来错综复杂的网络世界变得更加多元化，信息内容更是爆炸式增长。由于个人利益诉求差异或群体素养水平参差不齐等，很多自媒体使用者自说自话，对于同一件商品的观点各不相同，甚至相去很远。还有，虽然我国网络实名认证，但仍不能避免信息发布人的身份具有一定的隐蔽性，不能防止有人利用化名在自媒体平台上传播一些虚假信息。因此，网友在直接接触网络信息，尤其是自媒体评价和商品推荐信息时，应培养自身一定的科学文化知识和道德文化素养，同时要像"小马过河"一样，擦亮眼睛，提高自我认识、判断及选择的能力。

三、减少自媒体时代信息不对称的建议

自媒体时代拓宽了电子商务中买卖双方交流的方式和途径，也增加了使用商品的消费者发言的频率和途径，很大程度上减少了市场信息不对称情况的发生。但必须注意的是，自媒体的繁荣得益于科技进步和社会发展，同时也与普通民众知识文化水平和综合素质的提升有关。复杂的网络环境要求我国普通民众的思想政治教育更加深入透彻。我们可以利用自媒体时代的平台及环境的影响，重视对网民的引导和教育。

（一）发挥相关部门的监督管理作用

在丰富和复杂的网络环境中，电子商务信息纷杂且良莠不齐。另外，受金钱等利益驱使，不少网络推手刻意发表不尽真实的内容，甚至与实际信息大相径庭。在这种情况下，为了净化网络环境，相关政府部门以及相应的电子商务平台，应加强引导，在相关的官方媒体上，积极引导自媒体参与者加强自身素质建设，同时要加强监管，尽早出台相关政策及法律法规，加大网警巡逻力度，营造一个干净、安全的电子商务信息环境。

（二）提升网民认识和辨别能力

随着时代发展，与传统媒体时代相比，自媒体时代更加开放和宽容，拥有更多的发声渠道，也容得下更多不同的声音。但不容忽视的是，社会也需要形成一种新型的自媒体互动模式。近年来，随着教育的不断深化改革，民众的网络素养有一定提升，但这远远不够。政府应引导民众提高认识水平，提高民众对网络上有害信息的"免疫力"。在自媒体时代，民众也应具有慎独意识，牢记"网络不是法外之地"，提升自己的素质，谨言慎行。对于自媒体平台中的信息不盲信、不盲从，培养自己理性反思的能力。同时保持乐观向上的心态，主动践行国家倡导的社会主义道德规范。

自媒体时代不仅有利于电子商务买卖双方更加透明化交流，也有利于推动社会的发展以及和谐社会的构建，但在自媒体上的电子商务方面应加强监督管理，注重提升民众的参与意识和素质，共同促进自媒体与电子商务相辅相成，协同发展，共同发挥出更好、更大的作用。

第二节　电子商务时代信息安全保护技术

随着电子商务时代的到来，传统信息安全技术已经无法满足日益发展的信息安全需求，无法实现信息安全的全面保护，这在很大程度上限制了企业发展，导致企业建设受到严重影响。本节从电子商务时代信息安全保护需求出发，深入挖掘了新时期信息安全保护的相关技术，对其应用过程中的注意事项进行探究。

传统信息安全保护技术只是实现了信息的"加密"，并未结合各项服务需求形成系统化、层次化的安全体系及安全层次，整体保护效果并不显著。电子商务时代信息安全保护要求对信息内容进行全面把握，在电子商务基础上形成针对性防范协议及服务层次，这是传统信息安全保护技术所无法实现的。因此，电子商务时代信息安全保护要引入新的技术，形成新的体系，从而实现保护水平的全面提升。

一、电子商务时代信息安全保护需求分析

电子商务时代信息安全保护的过程中要把握好保护层次，结合系统需求形成相应的人文安全环境、设置安全环境、逻辑实体安全环境、安全机制、安全服务、用户安全体系、商务应用安全结构等，这样才能从根本上把握电子商务时代的信息内容，对其进行保护，降低信息泄露造成的经济损失，从根本上提升电子商务时代的信息安全效益。

基于新技术的信息安全体系需要能够在用户安全层面满足用户需求，实现用户信息"加密"，形成相应的用户协议，对电子商务体系信息进行全面控制；电子商务应用安全层要能够实现应用控制，通过 Telnet、FTP、SMTP、SNMP 等协议簇构建相应的信息安全保护结构；传输层可以通过安全路由生成相应的访问控制机制，设置相应的密钥完成访问限制，防止不法分子窃取机密信息；网络层要在安全路由和访问机制上设置相应的IP 协议，如 ICMP 协议、IGMP 协议、ARP 协议、RARP 协议等；接口层主要控制链路安全，可以通过非低层网络定义的协议实现。

上述体系构建时要把握数据加密技术、安全协议、身份认证等方面内容，对上述方

面技术进行合理选取，针对具体的服务体系及服务设备形成相应保护技术体系。要注重电子商务时代信息安全保护技术之间的关联，全面提升信息安全保护技术的配合效益，这样才能够从根本上提升电子商务时代信息安全保护质量，达到事半功倍的效果。

二、电子商务时代信息安全保护的主要技术

（一）基础信息安全保护技术

访问控制技术是信息安全保护中的重要组成部分。电子商务时代信息安全访问控制技术应用的过程中要把握好传统入网访问控制、网络的权限控制、目录级安全控制、防火墙控制、网络服务器控制、网络监测和锁定控制等，在上述基础上设置好防火墙控制体系，对访问中的各项证书资源进行全面监控，加强基于计算机技术的筛选、甄别及控制，从而减少访问漏洞，提升访问控制效益。加密技术应用的过程中要对密钥进行合理筛选，结合具体加密需求设置私人密钥和公开密钥，实现数据的针对性保护。其中，私人密钥可以通过 DSE 算法进行构建，公开密钥可以通过 RSA 算法进行构建。入侵检测技术能够实现电子信息时代信息安全网络的监控，对其运行状态、参数状况、系统使用等进行全面分析，通过算法及入侵保护设备检测数据异常状况，确定是否存在入侵。一旦出现入侵后会立刻切断网络连接，对事件进行报警。虚拟专用网应用的过程中可以构建数据封装系统，通过虚拟网络完成数据传输。而在认证的过程中能够借助认证技术确定交易身份的真实性、合法性等。这些均是电子商务时代信息安全的主要保护技术，是信息安全保护工作落实的基础。

（二）新型信息安全保护技术

在对电子商务时代信息安全保护体系进行构建的过程中人员要把握好新型信息安全保护技术，对安全服务中的各项内容进行全面分析，完善针对性电子商务信息安全保护体系，从而实现信息保护效益的全面优化。当前新型信息安全保护技术主要包括 PKI 技术、XML 技术、P3P 技术平台、数字化技术、智能卡中间件等。

PKI 技术应用的过程中要把握好公钥理论，在该理论基础上形成相应的安全服务体系。该技术以电子商务中的关键知识与基础技术为核心，对信息安全进行全面把握，能够实现认证机构（CA）、注册机构（RA）、策略管理、密钥（Key）与证书（Certificate）管理、密钥备份与恢复、撤销系统等功能模块的有机结合，最大限度提升电子商务时代信息安全服务质量。

XML 技术应用的过程中要把握好 XML 加密、XML 签名、XML 密钥管理规范 XKMS 等内容，对上述信息交换过程中的各项机制进行完善，形成基于 XML 上的各项

信息安全保护体系。当前 XML 技术在电子商务时代信息保护主要应用于 B2C 电子商务交易过程中，通过建立以 XML 安全标准为核心的安全传输机制，可有效提升信息的可靠性、完整性、机密性和可鉴别性。与此同时，该技术还对安全协议进行改善，借助 PKI 公钥形成了 XML 加密片段，完成了 HTTP+SSL 传输，从根本上改善了电子商务信息安全保护效益。

隐私偏好平台 P3P 技术迎合了电子商务时代的信息需求，能够有效提升用户对个人隐私的控制权，达到信息安全的全面保护，在当前电子商务时代信息安全保护中占据至关重要的地位。该技术应用的过程中要对动态交易过程中的隐藏传输保护进行强化，通过用户设置实现信息隐私、告示与通信保护，达到信息隐私安全保护质量的全面优化。

数字化技术主要包括数字水印技术、数字识别技术。数字水印技术主要应用在电子商务时代身份认证过程中，能够通过数字水印实现认证访问控制，构成相应的密码，完成数字隐藏和信息保护；数字识别技术主要通过信息技术完成数字信息的认证，通过密钥确定数字信息是否与协议一致，实现智能化身份信息识别。上述数字化信息安全保护技术对提升电子商务信息身份识别效益具有至关重要的意义。

智能卡中间件技术主要是通过智能卡实现信息加密、身份认证和电子支付等。这种安全卡主要通过 DES、RAS 信息加密算法实现，针对不同的密钥形成相应的智能卡中间件设置。上述设置主要包括智能卡中间件功能的设置、智能卡中间件开发流程的设计、智能化中间件免攻击保护设计、智能卡中间件小额支付加密设计等。随着电子商务的不断发展和深入，人们与网络之间的关系越来越密切，各项网络交易日益频繁。在上述背景下，智能卡中间件小额支付加密已经成为电子商务时代信息安全保护中不可或缺的一部分，但当前该技术仍不成熟，需要进一步深化研究。

电子商务时代信息安全保护工作开展的过程中要对基本信息安全保护技术和新型信息安全保护技术进行全方位把握，在上述基础上构建针对性信息安全保护体系，完善信息安全保护内容，从而实现保护效益的全面改善。要构建相应的组织结构，对安全保护人员技能进行提升，不断引入新的元素，对保护工作进行优化，这样才能够实现信息安全保护的与时俱进，全面推进信息安全保护工作发展进程。

第三节　大数据时代电子商务物流信息反馈机理

控制职能是管理系统形成闭环的重要环节，实际管理活动中重计划、轻控制，计划偏离、控制职能流于形式的现象非常普遍，反馈机制的不足已成为社会管理的阻力。除管理理论有待进一步发展和管理者能力不足外，管理过程中产生的大量数据的分析处理方法欠缺也是很重要的因素。随着互联网的快速发展，云计算成为大数据处理的重要方法，而手机、PC、移动终端等越来越多的创新技术使得各项社会活动转化为有效的数据，使更具时效性的反馈机制形成，整个社会的经济形态受到影响，反馈经济时代已经到来。

大量数据的分析系统，将为电商的经营者和管理者找到更多商机和潜在需求。随着网络信息技术快速发展的反馈经济时代的到来，电子商务物流的增值服务更加多样化和个性化。电子商务物流作为电子商务企业和物流企业提高市场竞争力的关键，已经成为我国经济发展的重要动力。

一、电子商务发展历程

电子商务物流发展必然与电子商务发展同步，我国电子商务从 1997 年起步，目前正以惊人的发展速度和旺盛的生命力影响着我国的经济结构，改变着物流业在社会活动中的比例。

（一）1997—2003 年：电子商务的兴起

这一时期，世界对电子商务还缺乏认识，信息通信技术不发达，基础设施和互联网连通缺乏，互联网接入费用昂贵，法律和规章制度缺乏，电子商务人才严重不足。

1999 年，"72 小时网络生存测试"由 10 家媒体、梦想中文网联合主办以及 8848 网赞助，该试验历时三天。在这三天内，参与者完全通过网络来满足他们的需求。这一试验在当时引发了全社会的大震荡，不仅检测了我国电子商务状况，同时大大助推了电子商务网站的发展。"互联网生存试验"是开启我国电子商务的里程碑事件，预示着我国电子商务的兴起。

这一阶段我国典型的电商代表是 8848 网、当当网、易趣网和阿里巴巴，他们是第一批电子商务的践行者。他们经历了互联网泡沫破灭的严峻挑战，经历了浴火重生的考验。这一时期的电子商务企业较少，主要是 B2B 模式，物流以自营物流模式为主、传统大型快递企业为辅，如 EMS。2003 年经历非典后，我国电子商务快速回暖，应用电子商务的企业会员数量开始明显增加，更多的企业开始扭亏为盈。

（二）2004—2007 年：异军突起，行业领袖

经历了沉寂和历练，我国的电子商务企业悉数登场，不过在这个舞台上绽放华彩的却只是那么几个典型代表。2006 年网盛科技上市，成为"国内互联网第一股"，并创造了 A 股神话。2007 年阿里巴巴上市成功，这两家企业的上市引发了电子商务的创业和投资热潮。自此，我国电子商务行业进入新一轮高速发展与商业模式创新阶段，电子商

务网站数量也快速增加，电子商务物流也在电商企业和物流企业的竞争中衍生出更为丰富的服务形式与盈利模式。

（三）2008 年至今：洗牌时代，格局再造

这一阶段全球经济环境恶化，外贸出口受到极大阻碍。国家和企业转变战略，由出口转向扩大内需，由外贸转向内销。电子商务 B2B 模式与 B2C 模式在这一阶段获得新一轮高速发展，达到前所未有的繁荣。伴随移动电子商务技术的成熟和拓展，手机购物市场快速发展，2012 年手机购物用户在半年内增长 59.7%，成为增长最快的手机应用。大众点评等团购分享类网站快速渗透，大大带动了电商网站的流量。

如果说电子商务与移动电子商务的发展相互促进，那么移动电商时代的到来为电商物流提出了新的挑战。一方面，传统电子商务的发展为移动电子商务的发展奠定基础。传统百货企业加快拓展电商步伐，而电商网站进军移动电商领域，甚至将移动终端业务提升到战略高度。另一方面，随着智能手机等移动终端走入用户生活，手机购物正逐步被用户接受，电子商务物流创新服务，更富活力。

二、电子商务物流反馈特征

在我国，快递行业已经连续五年实现超过 27% 的增长，其中 50% 以上的营业收入来自电子商务。因此，现代物流行业的发展离不开电子商务，电子商务物流融合了电商和物流各自的特点，在反馈经济时代呈现出新的发展趋势和特点。

（一）反馈信息电子化

物流信息化、电子化是电子商务物流的基本要求，是以电子计算机为主、以各种电子设备为辅助工具的物流信息形成、传递、储存的管理方式，不同于计算机诞生之前物流信息反馈主要通过书面、口头形式进行传递和储存。物流信息电子化减少了企业组织的差旅费用，提高了工作效率，降低了劳动强度，减少了污染和拥挤等。但是，电子化的信息出现了泛滥、甄别困难等问题，同时计算设备的损坏可能导致大量信息的丢失等。在电子商务时代，要提供最佳的服务，物流系统必须有良好的信息处理和传输系统。

（二）反馈内容全面化

云计算的出现，为处理大量不规则的"非结构数据"提供了技术方法。以云计算为基础的物流技术，可以便宜而有效地将物流活动中大量、全面、多变的数据内容存储下来，并随时进行分析和计算。这些技术主要有数据采集技术、数据存储技术、数据交换技术、数据处理技术等。采集技术有传感器、扫描仪等，在物流中移动数据采集器（MDE）

经常用于对仓库库存的盘点或者货架上预订数据采集，该技术在运输部门或者外部服务也有重要的价值。另外，电子数据载体如芯片、程序化数据载体（PDP）、移动数据存储器（MDS）及卫星接收发送装置，可以超越数米的距离读取、编辑和存储；电子数据交换可以节省时间、提高质量和降低成本。物流信息技术是物流现代化的重要标志。

（三）反馈速度迅捷化

电商物流服务业不同于传统物流服务业，快速反应是电商物流企业的核心竞争力。电子商务物流重在提供及时的服务、信息和决策反馈。目前，在大型的配送公司里，有效消费者反应系统（ECR）和即时生产管理系统（JIT）使得顾客化服务得以快速响应。ECR 即有效客户信息反馈，据此可做到客户要什么就生产什么，而不是生产出东西等顾客来买。物流企业快速反应的影响因素主要有信息系统、顾客服务、时间管理、成本控制、物流硬件、协调控制和物流人才等。

（四）反馈信息社会化

在我国，企业尤其是上市公司信息披露不足，而数据、信息共享是电商时代的趋势和必然。因此，如何建立信息处理系统，及时获得必要的信息，对电子商务物流企业来讲，是时代的考验，更是个难题。在将来的物流系统中，"24 小时送达"成为物流配送的极致追求，搭建社会化物流平台成为电商企业共同的事业。阿里巴巴从 2011 年开始规划的天网地网，就是一个信息平台，向物流合作伙伴开放相关信息接口以分享数据。数据服务是阿里巴巴物流战略核心，更是未来大物流系统的支撑。未来物流系统的输出内容——信息，可以当作独立的商品或者作为商品成分进行出售。

三、电子商务物流服务业的反馈机理

反馈是大数据时代物流组织受社会需求推动，为了满足企业和消费者的个性化需求，运用收集、存储和融合信息的技术方法，引发的以数据化为核心的物流管理变革。互联网在经济与社会活动中广泛渗透，将电子商务物流产业发展推向新的高度，并使其发展日益受到政府、企业、消费者和环保主义者的广泛关注。企业和消费者的满意度，取决于快速响应的物流管理系统。

（一）电子商务物流服务流程

不同的电子商务模式交易特点不同，但都具备总物流量大、服务范围广的特点，服务内容和服务特点基本相同，物流服务一般都采用第三方物流。B2B 和 B2C 电子商务物流关键在远程运输，而 C2C 的关注点在末端配送。

（二）电子商务物流反馈内容

电子商务物流服务内容涵盖了订单管理和数据分析、仓储与分拣、运输配送与交付、逆向物流服务、回收物流服务和客户服务。可以讲，电子商务物流服务内容有多广，物流系统反馈的信息内容就有多丰富。

物流系统会对顾客提交的订单相关数据进行分析，透过分析报告可以帮助制造商以及经销商及时了解市场，便于随时调整市场推广方法；电子商务物流系统可以对仓储和分拣中心进行监测，提供有效的库存管理信息，使制造商或者经销商保持合理的库存；电子商务物流系统通过网络将供应链节点信息进行集成、整合，将实物库存信息化作为虚拟库存；运输配送与交付环节，通过融合多种终端技术采集物流信息并进行综合处理，增强了物流企业对物流配送过程的可控性，消费者则通过互联网对配送企业和商品"宝贝"信息流动实时状态了如指掌；电子商务的逆向物流反馈服务关键在于提高顾客满意度。当然，随着环境保护的加强，废弃物处置问题不断受到关注，物流系统必须提供回收服务物流服务，这有利于提高物流企业在电子商务市场上的低碳竞争力。追求客户满意度，挖掘潜在需求是电子商务物流企业不断创新的动力。

（三）电子商务物流反馈技术

物流技术指物流活动中所采用的自然科学与社会科学方面的理论、方法，以及设施、设备装置与工艺的综合。而电子商务物流反馈技术，主要指物流服务流程中物资信息的收集、存储和融合方法。先进的信息融合技术提高了物流系统的信息处理与控制能力，使物流配送信息的交互和处理跨越时空限制，通过终端物流信息反馈与融合，实现信息到实际操作的高速转换，为物流企业决策层提供信息支持，从而不断提高物流企业的服务能力。常用的物流信息反馈设备有各种传感器、GPS定位设备、射频识别设备、扫描器等；信息融合方法有嵌入约束法、证据组合法、人工神经网络法等；信息传输交换技术有计算机网络技术、电子数据交换技术等。

四、对大数据时代电子商务物流行业发展的建议

大数据作为信息革命的第二个高潮，为电子商务物流行业的发展提供了广阔的空间。电子商务物流行业必须树立并强化数据优化行业的理念，以大数据的眼光，加强大数据研究，为客户提供更先进、增值性的服务。

（一）树立并强化大数据理念

现代物流的发展趋势是全球化、信息化、系统化、标准化和多功能化，而数据化则是现代物流的核心。当前电子商务物流体系虽然在业务经营中加强了对数据的分析和应

用，但缺乏对大数据应用的战略性思考和主动挖掘意识。信息采集较多，但深度加工挖掘较少，导致大量的数据信息成为"睡眠数据"而不能发挥其应有的价值。客户细分不够精准，没有在业务营销和客户关系管理活动中运用科学模型，缺乏对客户服务需求的偏好判断和消费行为习惯的细分。在大数据时代电子商务物流的发展必须有效整合大量的数据，通过各种分析模型，将数据转化为信息资源，只有这样才能将大数据作为战略性资产，为行业管理和决策提供强有力依据。

（二）开拓新的数据服务市场

目前，电商业、物流业的发展呈现跨界竞争，电子商务企业进军物流行业，物流企业开发电子商务，行业间呈现交叉融合发展。当大家的目光还停留在究竟是做电商赚钱还是搞物流赚钱时，我们可将大数据看成一个大市场，联合电商业、物流业、银行业乃至通信业合作，通过各大行业间的数据存储、加工、分析、融合，形成大数据产品，提供大数据服务，开辟数据服务市场。

（三）构建大数据物流体系

构建大数据物流体系，使电子商务企业和物流行业都要树立数据观念，从经营管理理念上重视大数据，在人才队伍建设上吸纳数据分析人才，从供应链条上强化数据信息的收集、存储和处理技术，对物流、商流、信息流、资金流进行计划和控制，也就是采用信息数据处理和融合技术对电子商务物流服务进行优化整合，打造准确及时精细的高端物流服务体系。

第四节　电子商务时代的信息管理与信息系统

进入 21 世纪，信息资源成为经济和社会发展的决定性因素，生产知识和开发利用信息资源成为时代的特征。信息管理与信息系统人才是信息资源管理业稳步发展的基础，信息社会将呼唤大量从事该专业工作的人才。我国既缺乏从事信息采集、经济预测分析、数据处理、软件开发、硬件运行维护等方面的高级技术人才，更缺乏既通晓信息处理理论与技术，又善于经营管理的复合型知识结构人才。因此，对信息管理与信息系统专业人才的培养应提到相当重要的位置上来。同时高等教育机构如何培养新型的信息管理人才，使他们具有合理的知识结构及能力，以适应社会信息管理这一要求，成为应当考虑的核心问题。

一、信息管理与信息系统专业的历史与现状

信息管理与信息系统是一门集信息技术与管理科学于一体的交叉学科。早在 20 世纪 60 年代，一些信息技术发达的国家就开办了信息管理专业，最开始叫"电子数据处理"（EPT），到了 20 世纪 70 年代就有了比较规范的专业名字，即"管理信息系统"（MIS）。现在，发达国家几乎所有大学都开设了这一专业，有的成立了信息管理学院。在我国，1978 年中国人民大学率先建立了对应的专业——经济信息管理专业，其后，差不多所有的财经院校以及具有经济管理优势的综合性大学陆续建立了经济信息管理专业。与此同时，我国大部分具有计算机及通信技术优势的工科院校从 20 世纪 80 年代初开始陆续办起了管理信息系统专业。通过 20 多年的发展，全国开办该本科专业的高校已达 200 所以上，且已有博士后、博士、硕士、本科、专科等多种层次。无论是国际，还是国内，信息管理与信息系统专业的兴起和快速发展已是一个客观事实。这表明社会对这方面人才是迫切需要的。可以预见，随着信息化社会的到来，这种需要还会不断增长，其前景是非常广阔的。

二、信息管理与信息系统专业的发展方向分析

（一）利用信息技术支持组织业务功能

计算机在管理中的应用领域包括事务处理、管理信息、知识工作、办公信息、决策支持以及经理支持等系统，这些信息系统针对组织中的某个具体管理功能（如生产运作、市场营销、财务会计、人力资源）。在这方面，学科的研究重点在于理解计算机应用的特定领域，以建立组织中应用复杂的计算机技术的基本逻辑。

（二）信息系统的开发过程和方法

该学科的另一个重要工作是研究如何以较低的成本建立可靠而有效的信息系统。早期研究的重点是如何建造可靠而有效的信息系统，为组织提供更多的价值（提高运作的效率、提升组织的竞争力或创造新的价值）；随着软件技术的进步和商品化软件市场的形成，研究的重点逐步转移到信息系统的实施及相关的管理问题。

（三）信息系统的管理

早期的信息系统基于大型计算机主机，因此，集中式的信息系统分析、设计和管理就是自然而然的事。此后，随着功能强大的微型计算机和软件的普及，如何管理分布式的信息系统功能就成为一个重要问题。同时，由于软件市场和信息系统服务的兴起，信

息系统"外包"成为新的热点,为本学科提出了诸如"信息系统"的可控性、基于合同的信息系统供应、购买关系等问题研究。近年来,信息系统管理的研究课题反映了复杂的管理问题,包括信息系统的战略管理、信息系统的投资风险管理、信息系统引起的组织变革,以及全球化经济中的跨国信息系统的管理。信息系统的管理问题研究通常是跨学科的,它涉及的领域包括战略管理、业务流程管理、全面质量管理、客户关系管理以及供应链管理等。

(四)信息系统在组织中的价值

尽管如今信息系统毫无疑问地被认为是现代组织运行的基本条件,但从计算机被引入管理领域起,就一直有人怀疑信息系统在组织中的价值。信息系统的评价,包括评价的准则、方法和过程,就一直是该学科研究的一个重要方面。事实上,早期用以代替人工的计算机信息系统的价值是显而易见的。它们的目标基本上是提高运作的效率而不引起组织的变迁,因此成本—效益分析就被认为是一个合理的评价信息系统价值的方法。然而,随着组织中的综合信息系统和战略信息系统的开发,问题就变得不那么简单了:信息系统的战略价值和无形的品牌价值等非直接的经济价值必须加以考虑。同时,信息系统的组织价值还面临着如下问题:谁获得益处?是否其中的一些人员会失去位置?是否一些人员的权力会被改变?是否组织会因为信息系统的使用变得脆弱(如由于系统的故障、专家乃至运作人员的流失)?

随着信息系统引起的组织结构和业务流程的变化,传统的投资收益分析方法就显得更不适用了。人们必须从组织理论、社会学理论和经济理论以及信息技术的结合方面寻求答案。

(五)信息系统对社会和组织的影响

从该学科诞生伊始,人们就开始研究信息系统对社会福利、工作模式乃至生活模式的影响。研究信息系统的成本、效益和风险对于组织中或组织以外的不同人员的不同影响,不同的信息系统对组织的结构和业务流程的不同影响;考察信息系统对一国的社会经济发展的影响,对社会伦理道德的影响等,都是值得深入研究的重要课题。

三、发展信息管理与信息系统专业的建议

(一)坚持宽厚基础上的专才教育模式

信息管理与信息系统专业的学生首先应该掌握高等数学、外语、计算机科学和其他信息技术等基础知识,具有宽厚的基础,但不要求学生对各门学科知识都精通。同时该

专业的学生应该精通信息管理与信息系统专业的基本理论、基本知识和基本技能，在这方面应该是专才。

（二）创造一个良好的社会环境

日本经济发展速度十分惊人，原因就在于充分利用和挖掘了国内外的人才资源和信息资源。然而在我国，这种信念、观念和意识仅为一部分人的认识，不少人还处在朦胧状态。因此，增强国民的整体信息意识便显得尤为迫切和重要。要充分利用电视、广播、报纸、图书、互联网等一切传播媒介，大力普及信息意识，增强人们的信息智能，提高人们认识信息、吸收信息、处理信息和利用信息的能力，创造一个有利于信息服务人才培养的社会环境。

（三）加强教学改革，更新课程内容

信息管理与信息系统专业的设立目的是解决不断增长的社会需求与人们对信息利用相对落后之间的矛盾，为社会培养以应用型为主的信息管理专业的人才，而用户的需求和信息技术又是不断变化和发展的。对于有关信息资源开发过程及原理方法的核心课程，应具有相对稳定性，而由于社会因素、技术因素及学生因素又会使该专业在不同的时期有不同的侧重，反映在教学上就是课程体系会呈现一定的变动性。

对于专业课，目前有许多信息管理方面的课程是新开设的，要加强对这部分课程的研究，制定详细的教学大纲，明确每门课程的教学内容，避免内容的交叉重复或遗漏。由于本专业是一门发展较快的学科，因此，要将社会信息化进程中的有关信息管理理论与信息技术方面的新课题和学科发展中的新理论与新知识及时吸收到课程中来，从而使教学内容不断更新和完善。此外，要借鉴国外相关专业和学科的课程设置及教学内容。如美国、英国近年来在信息管理教育方面增设了许多有关信息技术、信息交流与人际交流以及市场营销方面的内容。有关现代化技术类课程，首先要让本专业的学生系统掌握计算机软件与硬件、网络化知识，其次在基础课中充实新技术研究成果。同时鼓励学生在学好专业必修课的基础上跨学科、跨专业、跨院（系）选课，范围包括基础物理、基础生物、基础化学、实用写作、外语、汉语以及适应社会需要的市场信息学、企业管理、社会信息系统管理等课程。

（四）教师要有现代化教育思想，充分使用现代化的教育技术

教育思想现代化和教育技术现代化是推动教育现代化的双翼，它们相互影响、相互制约。实现先进的教学思想、教学模式和教学方法必须有先进的现代教育技术的支持；反之，为了引进和更好地应用现代教育技术，教师必须更新观念，努力学习现代教育理论，大胆探索和改革教学模式。只有这样，才能积极引进和学习现代教育技术，并使之

发挥应有的作用。

（五）加强专业实验室建设

我们可以采用按专业教育内涵、结合信息技术应用组织实验教学的模式，组建诸如知识信息组织、信息系统设计、信息分析模式、信息网络管理、计算机信息检索等专业实验室，一方面确保实验课程与教学配套，另一方面充分利用专业实验室对专业学生开放，提高学生的动手能力和创新能力。

（六）加快教师队伍建设和教师知识更新

我们面对的是日新月异的信息技术和不断变化的社会需求，一个缺乏优秀教师队伍的专业是不能生存和发展的。在教师队伍建设方面，一方面要注重吸引其他院校有关信息管理类专业的硕士生和博士生到学院来工作，另一方面可以采取国内和出国进修、青年教师攻读有关信息管理类专业的硕士生和博士生研究生等方式，促进在校青年教师的成长；同时，在校教师必须注重自身知识结构的更新，保持科学研究及教学研究的活力，尤其要注意利用互联网加强同国内外信息管理、信息管理教育同行的交流，吸收信息研究新成果，以更新自身知识结构，提高研究水平，以科研促进教学水平的提高。

（七）注重素质教育，培养开拓人才

从当前信息服务业的蓬勃兴起，就业市场的拓宽看，未来的发展前景，一方面，社会对信息管理与信息系统专业人才的需求普遍强烈；另一方面，信息产业就业市场上需要的不是传统的信息管理人员，而是既精通信息知识，又具有某些专门领域知识的"双料"专家，即既懂理论又有技术的多面手，尤其是社会适应性强的开拓型信息管理人才。这一需求对信息管理人才的培养和专业教育提出了新的挑战，同时也赋予了教育机构明确的培养目标和方向：拓宽口径，强化基础，着力培养学生和提高学生的社会适应能力和整体素质水平。

（八）注重与国际接轨

信息管理与信息系统专业教育的国际接轨主要是指：专业口径与专业设置，教学内容与手段，以及人才培养技术规范与体系方面的接轨。信息管理与信息系统专业教育的国际接轨并不意味着从教育体制到教育内容改革中照搬发达国家的模式，而是要在专业教育的国际化发展中保持我国的特色，发挥我国的优势，确保有关教育与学术交流的渠道比较畅通，可以在新的环境中持续发挥其优势，以求与国际上本专业的教育同步发展。因此，正确处理建立符合中国国情的专业教育体系和专业教育的国际接轨之间的关系是非常重要的。根据目前情况和教育面向未来发展的需要，可以考虑在优化我国信息专业结构中实现宽口径的国际接轨，着重于信息技术教学的国际化，以进一步完善专业教育体系。

信息管理与信息系统专业面对的是迅速发展的信息化进程，因此，人才的培养是一个全新的课题，在没有操作经验可以借鉴，社会认知度不高的情况下，要做好人才的培养，必须在具有一定的理论深度基础上认识一些问题。

第五节　信息时代背景下体育电子商务

体育从广义上分析是一个大的范畴，它与不同的学科、领域之间交叉、融通形成新的学科及门类，信息化时代，赋予体育新的机遇。本节以现阶段为时代背景、以商务活动为视角，通过对体育在信息时代中的经济往来分析，提出构建体育电子商务平台；在研究体育信息资源的基础上，提出体育电子商务开发路径及建设策略，为体育产品发展提供思路与借鉴。

美国"信息水平"工程的首创者、前国家公共服务署首席信息官托马斯·巴克霍尔兹提出了信息时代框架结构概念，"框架结构的中心是目标、结果以及人们是如何达到目标和成果的。信息水平是一个表示素质的概念，是指人们制定和完成目标的能力。在确定目标和达到目标的过程中，人们对信息的运用起了主要作用。信息是一种需要管理的资源，信息资源和信息资源管理都从属于信息时代的框架。基于计算机、远程通信以及其他信息技术在人们生活中的不可忽视的作用，故信息系统和信息技术也被列在此结构中"。信息时代框架的搭建，为我们提供了思考的方法与程序。

一、信息时代体育电子商务发展的必要性

电子商务为信息化时代经济发展构建了一个平台。电子商务存在巨大的机会和发展空间。体育电子商务目的更为明确，通过各种信息处理渠道来改变体育工作的方式，把体育作为一种产品、信息、资源或营销形式，将体育产业投入信息化电子商务中，则体育产业发展的前景是不可估量的。

国家"十二五"规划首次将电子商务作为战略性新兴产业列入国家发展大计，并且明确提出了我国发展电子商务的主要任务，这也给体育商务活动带来了生机。

在当今社会，信息的多样化要求使每位体育工作者应接不暇，体育事业也在近年来发生了较大的变革，竞技体育和社会体育是整个国家体育系统中的两大子系统，在前人

所取得的成绩基础上，体育发展了一些具有发展前途的技术，在竞技体育中各国都有自己的优势项目，在政策扶持、科技研发上都具有领先优势，而社会体育也存在明显的服务优势。随着经验的增多，知识的丰富以及技术的进步，体育工作者还能够设计出更多、更新的形式来。

鉴于体育功能多元化和社会化的需要，体育电子商务平台的建设会使体育发展的过程得到整合，使其更紧凑、更合理，还能沟通体育同社会其他行业的联系，使其变得更加社会化。

二、体育信息资源的形式与管理

（一）体育信息资源的形式

体育资源是包括与体育相关的所有经验、知识、技术和理论的资源。它的形式多种多样，内容甚为丰富。

体育资源可分为有形资源与无形资源。体育场地、器材、书刊、体育竞赛及表演都可列为有形资源；无形资源最明显的是信息资源。同时根据体育资源的分布情况又可将其分为内部资源和边缘资源。

根据信息资源的形式将体育信息资源分为四种形式，包括决策信息、知识信息、普通信息和硬件信息，同时普通信息与硬件信息又称为基本信息技术。将体育信息资源划分为四类，是为了更好地区分体育大概念下的信息资源，以及在商务活动中便于利用与整合，有利于开发与经济往来。

其中基本信息技术（记录、保存、传播信息的技术）可归为技术资源一类。

（二）体育信息资源管理

划分体育信息资源的类别，可以使其在商务活动中从不同角度加以管理，成功把握机遇与挑战。一条单独的信息是有价值的，如参加体育锻炼者对自己所要锻炼项目的了解程度；多种信息的整合也会产生价值。必须对体育信息资源保护以保证其价值并延长其寿命。

体育信息资源的管理，可以遵循如下流程：无论对于个人或单位，首先获取新的信息，了解信息的内容，分析信息的可靠性与科学性，如果是可靠的信息，就应该保存下来；其次，与不同的其他信息联系起来，从不同角度获得新的理解，将这种理解去伪存真，与其他人和信息系统进行交流。当信息资源由量的积累达到质的飞跃时，信息管理就获得了成功。

中国学术期刊网知网"CNKI"，在国家教育部的支持下，已成功地将近30年来国内外各类著名的期刊罗列其中，成为我国现有的种类较多、内容较全、受众面较广的网上科研知识信息管理基地。

对于从事体育的人或企业而言，提高自身的管理水平，就如同提高产品质量一样，充分认识信息资源（产品）的完整性、即用性、便利性、安全性等特征，搭建各类体育信息平台，开展电子商务，就会得到其所需要资源的消费者的关注和重视，就会为体育电子商务的形成与发展打下基础。

三、体育电子商务的形成

电子商务的平台有利于体育产业的发展，体育资源的形式多样、内容丰富，通过网络虚拟机构来实现商务活动，这正是体育电子商务的基础。一个有共同的消费者认知的市场，将会走向商品标准化的形态。当今世界信息发达，信息网络技术被广泛运用于生产经营的各个领域，体育也完全可以作为一种产品采用营销手段创利。

本节指出体育可以通过以下路径展开电子商务活动：

通过东西部体育器材场地交易，达到各取所需、东西平衡的目的，在这种商务活动中，并不需要生产任何东西，而是通过交易来完成整个商务活动。

采用营销战略手段，在网上进行品牌运作。我国有众多体育用品生产企业，这些企业可与全球领先的互联网体育媒体公司进行全球性市场联合，在电子交易领域进行广泛合作，且通过体育传媒公司在网上推销自己的品牌及其产品。与重要零售商联合进行电子交易，作为电子交易战略的重大补充。如某名牌体育用品企业可挑选数个名牌高校体育系部教研室共建网上主页，提高名校声誉的同时推广自己的品牌。

在社会体育发展中，建立电子商务模式。例如，可以在社区体育中引入电子商务，在网上可以雇请某社会体育指导员进行网上或实地的锻炼辅导，从而使生活在网络时代的社区消费者把握更自由的锻炼方向。在社会体育活动中，其可创性空间是较大的，应把这种商务手段延伸到更广阔的范围中去，信息时代带给每位体育工作者的既有挑战，又有机遇。

自身采购。对企业而言，网络营销开展一段时间后，开始可以看到一些效果，该企业的品牌在网上得到延伸，品牌的价值增加。在网络营销中，产品和品牌的局限范围以适当的成本被打破，价值得到了无限的延伸。通过耐克的网上行为，可以看到网络电子商务带给一个企业的无限活力。耐克利用互联网的互动性和图形功能制作了旗帜广告和一个网站，设立网站的目的是提高知名度并传达产品信息，"耐克"有多个不同版本的广告轮流投放在网上。为了吸引年轻的访问者，网站使用了各种设计元素，如挖苦式的导语、嬉皮音乐、游戏式的表演方式和多彩的形象等。

运动人才流动。打破中国竞技体育发展的障碍，建立人才流动信息网。近年来，我国加大体育人才市场的建立与发展，完善相应的法规与条例。但东西地区差异，信息滞后，导致人才滞留比较严重，体育电子商务可以突破这种"瓶颈"，让二、三线的优秀运动员参与竞争。

体育电子商务开发策略。第一，在体育信息资源的管理中，要坚持国家的既定方针、政策，以实现国家总体目标为着眼点来制订计划，不能脱离实际情况，不顾国家利益。第二，促进体育电子商务的应用与普及，解决信息基础设施的建设的问题，加大网络软、硬件投入，改变体育自身技术与管理模式。宏观上，需要社会整体建立一个能够支持体育电子商务的市场环境；微观上，实现体育自身信息化，才能有能力介入体育商务环境。第三，对广大体育工作者进行电子商务培训，传授其电子商务知识，使其在电子商务的模拟环境中进行实践操作，并加强向成功企业的学习。第四，体育信息资源的划分是由低到高的递进分层，信息资源的交易与往来需要在不同等级搭建平台，使其在对等的条件下开展电子商务。因此，体育电子商务的发展在我国是一项需要改变思维以求发展的项目，要以信息资源为中心，同时以顾客的角度和心理层面考虑体育产业的发展。第五，电子商务与体育产业必须在现有的优势上，做到相互融合。当前，由于我国上电子商务的发展对于线上与线下的区分太过明显，不少体育产品生产企业线上具有知名度，但线下服务不如传统产业；而在线下具有优势的传统产业，虽能给消费者提供良好的体验，但在线上却不知道如何运用互联网的优势。

第六节　电子商务时代下物流企业库存信息管理

随着电子商务的迅猛发展，物流业的地位提高了，而对于物流企业的服务也提出了更高的要求。作为物流业的关键环节——库存管理则势必实现信息化、一体化。本节根据电子商务背景下库存系统的设计目标，探讨库存管理信息系统所须构建的功能模块，即入库系统模块、仓储管理系统模块和出库系统模块等。

信息技术的日益更新带动了互联网突飞猛进的发展，而依附于互联网技术的商业模式也逐渐得到推广、认可，并给人们的生活带来翻天覆地的变化，电子商务时代的到来，不仅为我们生活带来了便利，增添新的购物乐趣，更带动了与电子商务相关的各行各业，创造了许多就业机会。物流业作为电子商务顺利进行的必要保障，正如同时代背景一起，从传统物流向现代物流转变，物流的作用被强化。而库存系统的有效管理是物流企业利润的重要来源，随着电子商务的普及化与流行，物流企业即将甚至已经面临库存爆满的问题，因此，如何有效管理库存系统，建立与电子商务环境相匹配的库存信息系统是十分有意义的研究内容。

一、电子商务对物流企业库存管理的影响

（一）电子商务对物流企业的影响

电子商务实质是由信息流、资金流、物流的流动来完成，电子商务与物流密切相关，它的革新与发展给物流业带来了全面且颠覆性的影响。首先，在地位上，电子商务时代的到来使得市场的竞争不再是比较企业自身拥有多少物质资源，而是能够协调、利用并整合为自己的资源有多少，这是在供应链一体化下企业的核心竞争力。而物流不再是一个被动的角色，而是拉动电子商务的主要因素，随着物流企业在各功能上的完善，降低运输、库存等环节成本，提高服务质量，势必会提高人们对网上购物的需求。其次，电子商务的实现全程离不开互联网，这也使物流企业走向数字化、信息化，如在库存管理方面，物流管理的重点要从对有形商品的管理转为对库存信息的管理、对信息技术的掌握。还有，网上购物的便利拉近了供应商与顾客之间的距离，也提高了顾客对物流的要求，即需要及时、准确地将商品完好无损地送到顾客手中，因此，面对日益加大的配送压力，物流业不得不对现有的站点、港口、仓库、配送中心等进行调整，优化路线以及设施布局等。此外，电子商务时代的出现使得物流业面临着一次重新洗牌，即不能适应信息化、数字化的物流企业，无法形成规模效应的物流企业将被淘汰出局。而物流企业一方面要为产品生产商库存商品，一方面需要将网上虚拟的购买行为变成实体的商品送到顾客手中，是整个供应链中的协调者，地位举足轻重。

（二）电子商务对企业库存环节的影响

库存环节是物流企业的一个重要环节，电子商务的蓬勃发展对物流企业产生影响的同时，更对物流企业的库存管理提出更高的要求。一方面，物流企业作为一个流通环节的服务商，它的目的不是像制造企业一样生产产品，而是通过它的调配运输将产品更好更快地送到顾客手中，是提高网上购物质量的关键一步。这意味着它将不再是以前独立于制造企业之外的企业，单单提供运输服务，如今，它已成为电子商务企业的一部分，嵌入企业整个生产销售环节中，其中的库存环节的有效管理也成为商务企业的核心竞争力。另一方面，电子商务将企业原有的封闭的系统转变成一个开放的系统，同时促使物流企业不再孤军奋战，而是嵌入这个大网络中，实现信息共享，保证信息获取的及时性、有效性。这也就要求物流企业对库存环节进行虚拟化管理，并保证库存信息系统的兼容

性和集成性，利用数字化技术提高库存在仓储、调配等方面的管理水平，适应电子商务时代下产生的庞大库存信息。

二、电子商务时代下物流企业库存信息系统的设计目标

电子商务的发展不仅对物流企业起到带动作用，更对物流企业中关键环节——库存管理提出了更高的要求，因此，对库存环节进行信息化管理，提高管理水平，首先需要设计出适合电子商务背景的库存管理信息系统，而第一个要确定的是库存管理系统要实现的目标是什么。

（一）物流库存信息系统可存储并提供大量的信息

电子商务模式让许多实体交易变成了线上交易，采购者可以买到全球的商品，而不仅限于国内。且随着网上消费群的日益庞大，流通货物的量也迅速增加，这些目标的实现离不开强大的物流。因此，物流库存系统必须可以为物流企业提供大量库存内商品的信息，包括入库、出库、存储期限等；也要为制造商和采购商提供流通过程中的信息，是否已入库、存库的状态或者已出库等信息，实现生产、物流、销售各环节的信息共享，提高管理效率。

（二）有利于实现库存系统的规范化管理

所设计的物流企业库存信息系统要根据具体库存管理的规范，便于企业的操作、实施与监督。如根据所服务企业的类型将仓库分门别类，确定商品具有单号、名称、入库日期等信息才入库，并利于查询货物入库、出库或准备进行入库、出库的信息。

（三）库存系统可实现信息共享

因物流企业是电子商务这个流程中的一环节，所以需要确保物流企业的信息与服务企业的信息沟通无障碍。通过库存系统与所服务企业的内部系统进行信息交换，及时掌握货物的状态，是提高应变、减少失误的有效方法，并利于仓库空间的合理利用。

（四）库存信息系统要有利于实现库存的合理化

库存管理信息系统就是要实现尽量从空间上、时间上合理高效地利用仓库。一方面要进行空间布局，在不影响货物安全存储的情况下保证仓库空间最大限度地利用；另一方面进行合理的时间规划，减少货物积压、滞留的时间，这不仅能降低管理成本，也是提高服务满意率的关键。另外，进行有效的装卸工作和运输任务，使之不影响到仓库管理的计划，以及方便制造商和顾客的信息查询也是不容忽视的。

三、电子商务时代下物流企业库存信息系统的功能模块

物流企业信息系统并非同一模式，根据服务对象的特点和需求，也可以构建出不同的系统功能模块。电子商务时代下，物流企业所采用的库存信息系统需要符合这个电子商务企业所具有的特殊性，以及这个商业模式与传统模式的差异性。根据设计目标，且保证物流企业库存系统具有一定的通用性和兼容性，这里将物流企业的库存信息系统模块根据库存的流程主要分为入库信息系统、仓储管理信息系统以及出库信息系统。

（一）入库信息系统模块

货物进入仓库是库存管理的第一步。根据规范化管理要求，入库这个过程包括运输、卸货、运货、数量清点、货物检验、存放整理以及入库登记等手续。物流企业根据客户的要求，按照入库手续准时接收、存放货物。其中库存信息系统需要完成的任务有根据客户的入库货物信息安排接收的物流车、存放的地点、搬卸的员工、确认货物入库以及更换存货地点等。具体来说，有以下几个功能：

安排人事与库存地点。库存信息系统先从客户方得到货物库存管理的订单信息，再根据订单内容安排订单接收负责接收、搬卸的员工以及入库时摆放的位置。

货物接收。在货物入库前，对货物数量进行清点之后，要与库存信息中的订单信息进行核实，确认无误后再进行入库的下一步。

货物存放指导。库存系统通过计算机优化为搬货的员工提供货物存放的指示，保证空间的合理利用。

入库确认。在货物存放好后，库存系统要对货物的相关信息进行登记，包括货物的数量、名称、入库时间和地点。若存放的地点发生变更，信息系统中仍要进行记录，确保信息的准确性。

最后是生成会计信息。即完成入库管理的最后一步，将已接受入库的货物转化成企业会计系统所用的会计信息，如货物运输账、库存账等。

（二）仓储管理信息系统模块

仓储管理是库存环节的重要环节，因货物在物流企业仓库滞留储存管理，物流企业势必承担货物丢失、破损等风险，因此，有效保证货物的安全以及保持其原有价值是物流企业高质量服务的体现，也是最有难度的一项工作。而在这一环节库存信息系统需要对已入库的货物进行检索，及时告知仓库的最新状况，如提供是否即将满仓，或仓库还有很多空余尚未利用等信息。

库存检索功能。即为了确保客户需要运送的货物安全准确，在货物入库后，系统需

要提供一份货物入库的数据给检验人员，以便检验人员在检验仓库货物时进行核实，并做检验登记。检验人员不仅需要对货物的数量进行核对，还需要检查货物自身包括包装在搬运时是否受损，受损程度如何。若有运货过程中被损坏的货物要登记到库存检索系统，以便真实反映库存现象，同时保护客户利益，让客户有知情权。并对造成损害的原因进行解释，对客户提出退货补货的要求及时记录信息并满足。

库存预警功能。即当仓库的环境出现危险的可能时，如烟、火或漏水等情况时及时发出警报，降低仓储货物的损失。除此之外，库存系统还可以查出各时点仓库的使用情况，通过查询库存目前使用的最大量和最小量对仓库的利用率进行判断，既不让仓库过于饱和，影响安全，也尽量减少仓库使用量过低而造成的浪费。

（三）出库信息系统模块

作为库存管理的最后一个环节——出库，同样不能忽视，它的目标就是将仓储的货物及时、准确、零损失地送到消费者手中。这个环节系统模块要完成的就是检验出库的货物，包括数量、名称、完好程度、派送地点等各种信息的记录；另外根据出库的货物的数据对货物进行分类处理，降低运输成本。

出库信息汇总。这是出库管理的第一步，即要求库存系统将即将出库的数据进行汇总，将出库货物的数量、名称、出库时间、送往地址等信息编辑成出库单，并根据配送路线、运输能力进行分配，给出货物出库分配运输的方案，提供给企业参考。

货物分拣处理。在汇总的出库信息出来之后，操作人员根据系统提供的拣货清单进行货物分拣处理，将出库的货物分别搬运到分货架，将拣货清单记入库存系统。

确认出库。根据库存系统出库货物汇总以及拣货的数据，与库存货物减少的数据进行对比核实，确认出库的数据、出库的货物数量、类型是否和要求出库订单一样。最后将分拣的货物运出仓库，在出库时系统读取货物的条码，做最后的出库确认，然后将货物进行分类配送。

内部数据传送。在完成出库任务后，库存系统要及时将出库订单、拣货清单与出库确认信息传送到企业内部系统进行处理，形成最后的会计数据、交易信息等。

（四）注册登入系统模块

除了库存过程的这三个功能模块之外，库存管理系统还需要对外来人员进行核实，即建立注册登入系统模块。这首先保证了库存管理系统的安全性，若完全对外会造成难以管理，并造成数据丢失、被盗等风险，所以需要对企业外部的访问者的进入进行阻拦和身份核实。另外，为了实现信息共享，对客户开放提供便利，库存系统可对客户提供查询账号和密码，利于客户随时了解自己货物的情况，维护顾客的知情权。

第七节　信息时代下电子商务的特点

在被信息包围甚至近乎信息爆炸的时代，人们利用高科技创造了无数令人惊叹的"信息产物"，电子商务就是其中之一，电子商务在传统商务的基础上产生，并且在竞争条件如此激烈的条件下能够一点点成长直到现在被大部分人所接受，一定有它自己的优势，但当人们看好电子商务的同时，它所带来的弊端又让人们担心其未来的发展。

一、电子商务发展背景

（一）21世纪是信息时代

21世纪注定是一个不平凡的时代，21世纪是一个被现代科技、信息所包围的时代，正因如此，知识结构也会相对复杂，身处21世纪的人们也要顺应时代的变化，对自己进行调整提高。在这样的一个大背景下，当代社会也孕育了各种高科技，电子商务随之应运而生，当然电子商务是在传统商务的基础之上发展而来的。

（二）时代的转变促使社会产物的改变

传统商务的历史可以追溯到古代。在古代，我们的祖先就知道了等价交换，例如用三把石斧去换取一只家里正缺少的山羊，用贝壳去换取另外一些自己需要的东西，从而逐渐演变成现在大家都用货币来购买商品的货币制度。现代社会人们买菜、逛街购物、买房、买车绝大部分都是利用现金交易，当然刷信用卡之类的是一种间接的现金交易，因为这个卡只不过作为一种媒介将现金储存在里面罢了，刷卡还是相当于将身上的现金直接给了商家。这样的传统交易虽然方便、直接，但有时候也会让人不安心，当买卖双方在进行一大笔的交易时，他们可能不想让这一过程被公开，一旦买卖双方面对面洽谈与交易的同时，自己的隐私例如身份、地位、资金的多少都有可能被暴露。隐私一旦被外人知道不仅侵犯了买卖双方的权利，甚至有可能让买卖双方的生命受到威胁（不排除被违法分子知道后，利用买卖双方的生命对其家属进行勒索的情况）。现在科技日新月异，使得地区与地区之间再无阻隔，高科技使得人们的出行更加方便，出门不用走路便可以到达目的地，可能就是因为这样的方式使人们产生了惰性，很多人不再愿意为了一件小商品而跑那么远的路途，因此，人们的这种需求更加促进了电子商务的发展。

二、电子商务的基本概念

（一）现代社会对电子商务的定义

电子商务有两个名称 E-Business，E-Commerce。前者指的是电子业务，后者指的就是电子商务。电子业务强调生意、交易、商业、营业、行业，而电子商务单纯指商品买卖，所以一般来说电子业务的范围比电子商务的范围要广得多，而现在我们所指的电子商务也主要指的是 E-Commerce。电子商务通常"是指在全球各地广泛的商业贸易活动中，在互联网开放的网络环境下，基于浏览器/服务器应用方式，买卖双方不谋面地进行各种商贸活动，实现消费者的网上购物、商户之间的网上交易和在线电子支付以及各种商务活动、交易活动、金融活动和相关的综合服务活动的一种新型的商业运营模式"。

（二）电子商务的四种基本模式

电子商务有四种模式：B2B、B2C、C2C、B2M。B2B、B2C 与 C2C 是我们接触的最多的电子商务模式。

B2B 模式是 Business To Business 的缩写形式，这种模式主要用于大型企业之间的商品交易活动，阿里巴巴网站就为企业与企业之间的交易提供了很好的平台。B2B 模式很好地解决了企业交易中由于交易金额大，买卖方身份特殊所带来的问题。

B2C 模式就是 Business to Customer 的缩写，这种模式的典型代表就是"卓越亚马逊"，它是商家通过网络这个平台直接向卖家提供商品，一方面节约了商家的大笔费用，另一方面也为消费者减少了买东西出远门的痛苦。

C2C 模式就是 Customer To Customer 的缩写，顾名思义，它就是指两个顾客之间的交易，其实笔者认为就是两个"个体"间的交易，这里的卖家在这种模式中也被称为"Customer"，它没有形成像企业一样的系统化的运行模式、管理模式，没有制度化、规范化，它仍然还是散漫的，在咸鱼我们就能享受到这种模式带来的服务，在输入你所需要的商品过后你会看到很多个体都会提供这种商品，此时就需要消费者自己把握了。

（三）两者的优势

对于电子商务与传统商务，不同的人有不同的看法，正所谓"萝卜白菜各有所爱"。这两种商务模式能够并存是因为它们都有自己的市场，都有自己的目标客户，它们利用自己各自的优势吸引着自己的客户。

1.传统商务的优势

首先，对于传统的电子商务，它要求人与人之间有互动，消费者在直接面对商家时可以对该产品做出及时的评价，能够让消费者在对商品做出正确判断后能做出一个选择，到底是买还是不买，这样使得消费者做出正确的判断，避免损失。

对于商家来说，顾客就是上帝，就是在顾客不经意间的评论中，一个敏感的商家会从这些看似琐碎的评论中发现商机，思考提炼并且完善自己的产品，尽量满足顾客的要求，使得自己更具有竞争力，但传统商务中的对商品的评价一般都是口头上的，不具有时效性，商家可能刚刚还觉得具有建设性的建议，在忙碌的工作中会逐渐遗忘。

2. 电子商务的优势

它可以"让消费者参与管理，消费者以书信或电子邮件的方式将意见和看法投到零售企业的专门信箱，当零售企业派专门人员将这些意见及时审阅处理并用以改进工作时，消费者就具有了管理者的意义"。电子商务面对一批"年轻"的客户，这些客户在信息时代受到了高科技的熏陶，喜欢尝试新鲜事物，电子商务给当下所谓的"宅男""宅女"们提供了不少的便利，足不出户就可以搞定很多东西，如果想买衣服、鞋子或者其他小东西，直接打开电脑连上网就可以在网上购买，甚至连充话费、缴水电气费和一日三餐的问题都可以在网上解决。对于商家来说这种方式可以使他们减少在实物店的开销（聘请更多的员工，实体店所需设备等所花费的资金）。对于很多想创业的人来说，网店是他们不错的选择。开网店的同时也省去了很多中间环节，至少省去了一级批发商、二级批发商的转手，这样更是大大降低了商品直接面向顾客的价格，价格虽然很低，但是商家所获取的利润依然可观。从消费者的角度来说，网店的出现也为自己节省了一大部分资金，对于一部分喜欢逛街的人来说，网店又有一个好处，就是出门之前在网上搜索你要出门购买的物品，便可以知道这个物品在市面上的价钱，好让自己有个准备，不至于出现"资金匮乏"的窘境。对于大部分不喜欢逛街的人们，网店更为他们提供了便捷的途径——不出门，不费体力便可以购物。电子商务没有时间的限制，用户在任何时段都可以体验全天候服务。

（四）两者的弱势

就像英语常说的"a coin has two sides"（事物是有两面性），无论什么东西，优点再多，也总会有那么一两个缺点。

1. 传统商务的弱势

商家所出售的产品往往不是他们自己本家所生产，一个产品从生产到出售要经过很多个代理商，很多次中间的转手，中间商会从中获取利润，因此，产品的最终价格会是成本的几倍，消费者面对一些价格偏高的商品时就会考虑它的性价比的高低来决定购买与否，当消费者面对自己喜欢的东西但是却购买不了时，这样不仅对消费者造成了"软"

损失（无法满足自己的愿望），也对商家造成了"硬"损失（商家的利益直接受损），这时传统商务对于这类消费群体不再具有吸引力，他们就偏向于利用信息技术所支持的电子商务模式来完成自己的购物。传统商务具有地域限制、时间限制，不能及时给用户提供服务。

2.传统商务的弱势

电子商务可能让黑客乘虚而入，因为用户在网上交易的时候需要进行私人信息的交换，比如我们在办理网上银行业务时，服务人员需要当事人身份证号，以及涉及隐私的信息交换，并且在进入网上银行时，也要求输入身份证号和密码，有时候甚至需要输入银行卡号和银行卡密码，这样重要的信息有可能被黑客盗取用来从事非法活动。所以，在使用电子商务的同时，就需要用户具有自我防范的意识，在体验现在高科技信息技术所带来的便利的同时，也要意识到自身安全。

（五）关于相关法律问题的规定

1.传统商务的法律问题

对于传统商务来说，它的贸易合同都是书面化、实体化的，是通过当事人的亲笔签字或者盖章来完成身份确认的，因此法律法规认可这种实体化的身份认证。

2.电子商务带来的法律问题

电子商务产生之后，进行的都是无纸贸易，电子合同、电子签名都是屡见不鲜的事了，从法律的角度来讲，也要相应地增加这类用于网络商贸的信息的法律条例。网络安全问题、认证机构的权威性都是现代法律所要解决的问题。

在信息高度发达的今天，我们能体验各种高科技产品带给我们的便利，但是并不是所有高端产品都能一直让我们满意，电子商务亦是如此，它能给我们节约大笔时间、大笔花费，但是我们的隐私却可能在这种便利之间悄悄"溜走"，相信一部分人又会觉得传统商务更保险。不过，不管怎样，它们都并肩走了这么久，正是因为它们互相弥补了对方的不足，我相信它们还会走得更远，共同为我们带来更多便利。

第六章　数字经济环境下电子商务研究

第一节　数字经济全球化与 WTO 电子商务谈判

大家知道，我们这个大题目中有一个大变局，这个大变局具体到经贸领域，特别是具体到经济全球化的领域，体现出三个特征。

第一，就是前一轮以全球价值链革命或者全球价值链改革为特征的经济全球化，现在已经进入一个收缩阶段，因此，面临着一个全球化经济再平衡的挑战。这个挑战表现为全球供应链生产布局和贸易布局的调整。

第二，是全球贸易规则的重构。以美国为首的西方发达国家协调单边主义重构全球贸易规则的这种行动，正在逐步成型。

第三，就是数字经济化，经济全球化面临着数字鸿沟和数字裂痕。

但是从技术层面研究得比较多，很少从规则的层面来进行研究。

一、数字经济全球化

在经济全球化的历程中，科技在其中扮演着越来越重要的角色，掌握了先进技术的国家往往能成为新一轮科技革命的引领者，在新一轮经济全球化中拥有主动权。随着科技发展和产业变革，以大数据、人工智能、区块链、数字货币、5G 技术为代表的新一代数字技术快速发展，数字技术的应用大大增强了数据处理的数量、质量和速度等，降低了社会交易成本，提高了资源优化配置效率，推动生产力快速发展，改变着经济和社会活动，让更多国家和企业得以参与全球化，推动了数字经济的蓬勃发展。

数字经济以使用数字化的知识和信息作为关键生产要素，以现代信息网络为重要载体，有效使用信息通信技术来提升效率和优化经济结构。数字经济具有数据驱动、平台支撑、开放协同、普惠共享的特征，这些特征使其能够打破国界和时空的限制，带来经济全球化在产业、组织和价值观等方面的重构，驱动着新一轮全球化蓬勃发展。

我们正在进入一个由传递信息、思想和创新的数据技术所定义的新时代，数字技术推动着数字经济全球化的快速发展，为国家从参与全球经济中获取利益创造了新一轮的机会；同时，经济全球化和数字化的结合又进一步促进了数字技术的传播和应用，形成良性循环。

二、WTO 电子商务谈判

尽管在发达国家之间，还是有种种不同的差别，特别是关于管辖权、隐私保护、数字征税。但发达国家基本立场是一致的。他们认为，电子商务谈判的重点，是在数据流动为基础的数字贸易。WTO 2019 年的贸易报告里面，把它叫作数据交付贸易或者数字交付贸易。

而中国的立场很明确，我们认为，WTO 应该谈判的是以商品流动为基础的电子商务。现在把它改了名字，就是电子订购平台。就像阿里巴巴、淘宝这类的电子订购平台。

我们认为，目前，电子商务谈判就应该主要谈、重点谈以商品流动为基础的电子商务。就是数字订购这一领域的谈判，包括贸易便利化，包括电子签名等。但以西方为首的发达国家认为，以商品流动为基础的电子商务都在 WTO 为基础原来的规则当中解决，这就是上次我们中国和美国的争端解决方案，都认为是解决了。

现在重点是谈以数据流动为基础的电子商务，在基本立场上面，以美国为首的发达国家认为，应该建立数字贸易全球单一市场原则。这次的突破就是在美日的早期收获协议当中，关于服务贸易特别是数字贸易，他们有一个具体的文本动态还没通过，高度保密状态。但是单一市场原则，这是他们的基本立场。但我们认为，互联网与数据主权原则。这样的话，在议题设置上有强烈的分歧了。

美国提出来的议题有以下几项：信息自由流动，数字产品的公平对待，保护专有信息，竞争性的电子竞争市场和贸易促进。我们主要是贸易便利化方面，就是用电子订购的办法促进商品贸易的自由化，商品贸易便利化，降低电子贸易的便利和成本，这是与美国要求完全对立的。至于谈判原则上更加对立了。

美国提出，所有参与者前提条件是要承担相同的义务。你如果不能承担相同的义务，那么要经过检验，要经过评估，要提出证据，那就可以给你适当地免除。但中国是一个发展中国家，有着很大的差距和差别。

所以即便是在数字电子商务谈判当中的中美两国，或者是我们中国和以美国为首的西方发达国家之间，那种分歧和对立要远远超过现在我们所面临的货物贸易问题。

我们试图在自由贸易试验区新片区和自由贸易港方案的设计中，有所突破。

三、三个待解难题

现在有三个问题待解，一时难以下结论，这些问题技术人员有技术人员的看法，商界有商界的看法，政府监管部门有政府监管部门的看法。

第一个问题在制造和服务，特别是数字服务日益融合的大趋势下，数据自由流动、数字服务产品贸易自由化与以互联网为平台的货物贸易便利化之间的关系如何？

当制造和服务高度融合的时候，比如说 3D 打印，你怎么分得清楚，这个是电子订购交易，这个是电子数据交互交易？分不清楚的。所以这个问题我们避不开。其实在我们对 WTO 提交我们立场声明时留了一个口子，我们愿意进一步探索数据交互贸易规则的可能性，但我们认为现在还没有条件。

第二个问题，一国对数据可访问性的监管方式与该国数字经济国际竞争力之间的关系如何？

是不是说，监管越严越好？监管越严，国际竞争力就越强，也有人认为，这个监管完全放开自由化，国际竞争力就越强。情况没有这么简单。这之间的关系，一个是要通过实践，现在很多实践，还都没有出现。一个要进行理论研究，比如说，现在在 OECD（经济合作与发展组织）平台上，发达国家已经在进行关于数字贸易服务征税问题的谈判，因为美国和法国发生冲突以后，后来法国让步，征税暂时不征了，但是要放在 OECD 平台上解决。

现在 OECD 发达国家在谈判中碰到了很简单的问题：在座各位拿了一个华为手机，当然是比较老款的华为手机，你到美国，你就能够自动接入美国的电信服务，你能够自动上 Youtu、谷歌地图、推特、Facebook。在国外旅游的时候，我在 Youtube 里面买了一个视频，我把钱付了，这个视频是谁生产的呢？是日本的索尼生产的，他的服务器在什么地方？在韩国。那么谁来征税呢？现在都不征税，这个问题没有。谁来征税？现在一个有利的原则提出来，你接入哪个网络就在哪个地方征税。不管你用什么手机，买的什么视频产品，服务器在什么地方。你接入美国电信的，那么你交税就交到美国。当然发展中国家就不同意了。所以这样的问题，就很具体。最好的办法是所有的都免税。就像现在 WTO 每两年一次的协议一样，所有的数字交互的服务，全部免除税收，不管是关税，还是服务税，特别是关税不征，一律不征。这样的话，以法国为首提出来这样的问题，美国的竞争优势非常强。今后这个垄断越来越厉害。提出对数字服务要征税。怎么征呢？首先对数字公司进行征税。这样的问题很多，这只是举的一个很小的例子，在监管上，与数字经济、国际经济之间的关系是如何的。

第三个是现在争议最大的问题，在数字经济全球化大趋势下，一个国家有没有可能成为数字乐园，中国对数字经济开放和数字贸易自由化应该采取何种战略和策略？

现在主流的观点认为：我们中国人口多，国土面积大，我们可以搞一个数字库，可以有一个数字乐园，所有指标都可以居于世界前列，包括将来的人均宽带使用量、消费量，也可能会随着我们的人均 GDP 的增长而增长。

但关键问题是，这个数字乐园，是不是有可能？现在就碰到这样的问题，一个外国人，注册了微信账号，他能不能来访问微信？能不能和你还有其他人聊天？你如果允许的话，这个数字乐园是不存在的，因为它是开放的。我们现在也在探索，刚才提出的数据自由流动当中有一小点，就是禁止访问拦截，说到底就是防火墙，我们现在在试点，比如说外国人，是在国外注册的手机，一进入我们自贸试验区，自由贸易港，中国电信马上可以允许你接通，比如 Youtube，已经在试点了，不然的话，前面提到的外国人到了你的自由贸易试验区和自由贸易港和家人失去了联系，失踪了，找不到了。

第二个试点，就是说访问网站，经过批准，由中国电信统一给你翻墙。比如，上海 WTO 事务中心每年付八万元钱，可以登录指定多少个网站，比如欧洲多少，美国多少。

这样一来，就有一个隐私问题。我一个公司如果申请了这个，我通是通了，但是我整个信息通道是处于你的监控之下。他们觉得不安全。这是数据自由流动中很小很小的问题。撇开金融数据不谈，只说一般的数据，比如科研成果，比如生物医药，实验数据的流动，那就很不方便，更不要说采集血样的临床数据的流动，都需要全球规则来规制，哪些数据可以自由流动，哪些数据应该列入负面清单。这些问题是可以进行讨论的。

更重要的就是最近的经济学者，他们在哈佛大学一个研究报告中说，今后，一个国家在全球数字竞争当中，特别是大数据、人工智能这些竞争中，它的经济实力高低不取决于人口多少，甚至也不决定于互联网访问量以及互联网的人均宽带消费量，而是决定于可访问性。报告认为可访问性强的那些国家，将来可能成为世界数字经济的领先者，比如新加坡。因为数据是没有国界的，你放开，全世界的数字经济来你这里。一些小的国家，如爱尔兰也在探索这条路。因为在一个封闭的环境，不管你的人口多少，你的数据实际上是重复的，单质的重复的数据，只有向全球开放，你才能获得异质的高质量的数据，进行智能性训练。

这样，我们肯定会碰到一个挑战，在目前数字乐园的情况下，我们短期内五年十年里会发展非常好，许多指标在世界上领先，但可能在关键的技术领域，比如人工智能，比如大数据，比如云计算，就会有巨大的竞争力。现在日本政府鼓励企业把服务器放到美国去。为什么？在那边可以获得比日本多得多的数据，而且是全球数据。

所以这个问题，为什么今天就提出来？就是让大家都把注意力集中在中美贸易战，集中在货物贸易，集中在 20 年来已经充分发展的全球价值链和全球供应链的基础上面。面对贸易规则鸿沟，生产力的再调整、再平衡的这么一个趋势的时候，我们更应该看到一个新的领域。而且发达国家，在 OECD 的平台上紧锣密鼓探索贸易路径，就是数字经济全球化和数字规则的建立，全球数字规则的建立。这里面的数字鸿沟数字监管能力，确确实实比传统货物贸易领域碰到的问题更尖锐、更具有代表性，更需要我们进行制度创新，更需要我们有自信心解放思想。

第二节　数字经济、跨境电商与数字贸易耦合转型

人类社会正在进入以数字化生产力为主要标志的新阶段，依托物联网、大数据、云计算、移动互联网、人工智能等现代科技，数字经济、跨境电商与数字贸易得以产生并迅猛发展，厘清三者的理论边界与现实约束，制定推动其发展的政策，是我国实现高质量发展的必然要求。将区块链技术深度融合到数字经济、跨境电商与数字贸易中，可以推动传统制造业升级、对外贸易转型，最终实现全球化发展，达到共同繁荣的目标。

数字经济的出现与互联网密不可分，伴随信息技术、互联网技术的飞速发展，第四次工业革命到来。数字经济席卷全球，成为全球经济增长新引擎，并助推多国经济转型，同时也影响着全球国际贸易进程。

Tapscott 首次详细提出互联网会如何改变原有的商业模式，被认为是"数字经济"概念的先驱。Negroponte 等人提出数字经济是利用比特而非原子的经济，明确提出数字经济基于网络的本质。Mesenbourg 明确了数字经济的范畴，包括数字化的硬件与软件基础设施、数字化的商务网络与组织、电子商务中交易的产品。

2016 年 9 月，二十国集团（G20）杭州峰会通过了《二十国集团数字经济发展与合作倡议》，倡议明确提出数字经济是以数字化的知识和信息为关键的生产要素，以现代信息网络为重要载体，把信息通信技术的有效使用作为效率提升和经济结构优化的重要推动力的一系列经济活动。

党的十九大报告、2018 年政府工作报告也提到数字经济，国家十分肯定以互联网为核心的新型商业模式，这也是对中国经济发展的一种探索。近年来，传统国际贸易增长疲软，在信息技术与互联网推动下，跨境电商作为数字经济在国际贸易领域的一种应用模式备受关注。逄健和朱欣民提出，"数字经济主要指为电子商务或由电子商务引起的贸易行为制造、供应电子产品和服务的经济过程"。跨境电子商务与数字经济交融发展，

驱动了数字贸易的出现。包括 5G 在内的新一代信息技术推动跨境电商的飞速发展，也主导着新一代数字贸易体系的演变。数字贸易将互联网技术与传统贸易结合，降低了交易成本，促进贸易全球化。数字经济、跨境电商与数字贸易产生背景不同，但三者又有诸多关联。学界对三者的研究尚未提上日程，偶有少数文献关注了数字经济与跨境电商、跨境电商与数字贸易话题，如蔡磊分析了数字经济背景下跨境电商的税收监管问题，龚柏华分析了基于跨境电商与数字贸易的 "e-WTO" 规制问题，马述忠等人在分析数字贸易时提及了数字贸易与跨境电商的关系。笔者认为，区块链技术已上升到国家顶层设计的战略高度，依托区块链技术的集成应用，实现数字经济、跨境电商与数字贸易耦合发展显得至关重要。

一、数字贸易的内涵演变

数字贸易出现时间很短，尚未引起业界过多关注，概念也尚未统一。国外关于数字贸易的概念较早被 Weber 提及，Weber（2010）认为，数字贸易的核心是数字产品或服务，数字贸易是通过互联网等电子化手段传输商品或服务的商业交易活动。国内关于数字贸易的提法见于 2011 年，熊励等人认为，数字贸易以互联网为依托，以数字交换技术为工具，据此为交易双方提供商品交易所需的数字化电子信息，旨在实现以数字化信息为交易标的的一种商业模式。以上是国内外关于数字贸易较早的定义，当时多关注数字化信息，强调互联网、数字交换技术等电子化载体。

随后，美国国际贸易委员会（USITC）多次对数字贸易进行界定。2013 年 7 月，USITC 在《美国与全球经济中的数字贸易 I》中正式将数字贸易界定为通过互联网络传输产品或服务的国内商务活动与国际商务活动，商业交易标的主要包括音乐、游戏、视频和书籍等数字内容，社交媒体、用户评论网站等数字媒介，搜索引擎，其他产品与服务。这一定义认可度较高，如李忠民等人的中国数字贸易研究成果便认可该定义。2014 年 8 月，USITC 在《美国与全球经济中的数字贸易 II》中修订了数字贸易的定义，认为数字贸易是依赖互联网和互联网技术所构建的国内贸易与国际贸易，互联网与互联网技术在交易活动各环节发挥重要功能。2017 年，USITC 在《全球数字贸易 I：市场机遇与主要贸易限制》报告中再次界定了数字贸易，认为数字贸易是各行各业在互联网上交付产品和服务，除了互联网，还包括智能手机与互联网传感器等相关产品。

随着实践的发展，数字贸易内涵也在变化与扩展。马述忠等人通过对数字贸易文献的梳理，结合实践领域的诸多特征，对数字贸易概念进行了新的解读，是对数字贸易从新的维度进行的解析。马述忠等人认为，数字贸易是以现代信息网络为载体，通过信息通信技术的有效使用实现传统实体货物、数字产品与服务、数字化知识与信息的高效交换，进而推动消费互联网向产业互联网转型并最终实现制造业智能化的新型贸易活动，是传统贸易在数字经济时代的拓展与延伸。至此，数字贸易不再局限于互联网领域，已扩散至传统产业领域，制造业智能化也成为数字贸易发展趋向之一。

二、数字经济、跨境电商与数字贸易耦合关系辨析

（一）数字经济、跨境电商与数字贸易产生的环境相似

数字经济的出现与发展依托互联网与通信技术，跨境电商的出现与发展更是以互联网络、互联网平台和信息技术为基础，数字贸易也不例外，互联网与信息技术是其产生的土壤。可见，数字经济、跨境电商和数字贸易三者的产生基础相同。互联网与信息技术搭建了数字化基础，成为数字经济、跨境电商与数字贸易的核心要素，也助推着数字经济、跨境电商与数字贸易的腾飞。数字经济的核心是数字化，跨境电商的核心是互联网平台，数字贸易的核心包括互联网与数字基础。从三者的定义与表现形式看，数字经济、跨境电商与数字贸易相同点颇多，又具有相同的产生与存在基础，所以，数字经济、跨境电商与数字贸易一脉相承。

（二）数字经济是跨境电商与数字贸易发展的基础

数字经济注重通过数字化基础设施与设备、能改造数字化生态系统的技术，来实现数字的转化。数字化基础设施与可数字化技术是核心，二者作用于数字经济背后又促进互联网平台发展与数字贸易产生。跨境电商以互联网和信息技术为载体，这也是跨境电子商务交易活动的基础和核心要素。数字贸易的出现源于数字经济的发展，数字贸易发展初期的表现行为更多体现为电子商务，包括国内电子商务与跨境电子商务。数字贸易的跨境贸易层面可以理解为跨境电子商务，也是全球经济一体化、传统贸易优化升级、跨境贸易活动及数字经济发展的结果。数字贸易之所以兴起，根本原因是技术创新所引发的生产组织形态变革。这一变革典型体现在通信技术与互联网技术上，这些技术日益推广并深刻影响与改变着传统经济范式下的生产与生活方式，包括云计算、大数据和AI等在内的数字技术从制造业扩散到服务业，乃至社会生活的各个领域，为传统贸易向数字贸易转变奠定坚实的基础。数字经济是土壤，以此为基础，衍生出数字贸易和跨境电商。

（三）数字贸易是跨境电商发展的数字化趋势

跨境电子商务与数字贸易出现的时间不相上下，业内多将其归属为两个不同的维度。

在数字经济发展作用下，跨境电商同样受到数字经济的诸多影响。跨境电商出现之初，更多强调商品交易主体通过互联网络实现跨境商品交易活动。在一系列新兴的数字经济出现与推广后，数字技术与传统产业融合发展，驱动了制造业、服务业等传统行业智能化转型与升级。跨境电商在数字经济与数字技术多重作用下，逐渐打上数字贸易的诸多烙印，且数字化特征越发显著。有人将跨境电商视为数字贸易的初期表现形式。数字贸易出现后，热度不如跨境电商，但也在快速发展。在数字经济发展刺激下，跨境电商也逐渐融入数字经济，更多表现为数字化特征。整体上看，数字贸易的出现，既是数字经济跨越国界的结果，也是跨境电商向数字化方向发展与升级的必然结果。

（四）数字贸易是数字经济发展的结果

数字贸易是以互联网为基础、以数字技术为工具、以互联网传输为载体，商品交易的参与方提供彼此所需的数字化数据与信息，并以此为交易内核。从其定义看，数字贸易所涉及的商品表现形式既包括数字化产品，也包括数字化服务，这一范畴与数字经济基本保持一致。数字贸易出现之初可以视为数字经济向外部扩张的结果。数字经济强调数字化商品，这与数字贸易相符；数字经济既包括国内商品贸易，也包括跨境商品贸易。当跨境商品贸易表现为数字化时，便成为数字贸易。换言之，数字贸易是数字经济的跨境贸易部分的表现形式。随着数字经济在实践中的快速发展，其定义与外延也不断扩大，更加与数字贸易的跨境商品交易层面相吻合。可见，作为数字经济的内涵之一，数字贸易既是数字经济的一部分，也是其中重要的构成要素。

（五）数字经济、跨境电商与数字贸易各有特征

诚然，如上文所述，数字经济、跨境电商与数字贸易三者具有相同的发展基础，彼此又存在诸多关联，但是，三者并不完全等同。数字经济、跨境电商与数字贸易各有其所属的特征，也有各自的侧重点。数字经济强调数字化的经济运行模式与经济发展生态，关注数字化信息或信息技术，并聚焦以此为依托的经济系统。伴随数字化与信息化的技术被广泛应用，整个经济活动乃至所依存的经济环境都发生了根本变化，并带来了泛数字经济化，影响到社会、政治、自然等多个方面，数字经济属于偏宏观的一个范畴。跨境电商产生于互联网经济发展与传统国际贸易方式增长乏力的背景下，更强调商品交易活动从线下转移到线上，通过互联网平台实现商品的跨境交易活动。跨境电商属于电子商务与国际商务的结合体，涉及的商品多种多样，但并非所有商品都适合跨境电子商务交易模式，跨境电商属于一个微观的商品经济交易范畴。数字贸易关注贸易经济范式，是一个偏中观的经济范畴。数字贸易强调通过数字化的经济方式实现商品贸易活动，既包括国内商品贸易，也包括国际商品贸易。数字贸易并不将国内商品数字贸易与国际商

品数字贸易割裂来看，而是将国内商品数字贸易与国际商品数字贸易作为整体来谈论。更显性地看，数字贸易更加突出数字化的国际商品贸易活动，所涉及的商品类型范畴更加广阔，并不存在类似跨境电商的商品类型限制，数字贸易能够涵盖可以数字化的所有商品交易类型。

（六）跨境电商、数字经济、数字贸易交互融合

跨境电商、数字经济与数字贸易虽有差异，但又存在交互融合的状态，换言之，三者存在"你中有我，我中有你"的状态。就其发展内涵看，数字经济既包括国内商品交易，也包括跨境商品交易；既包括以互联网方式实现的商品交易，也包括以传统方式实现的商品交易。数字经济范畴中以跨境电子商务平台实现商品交易活动的部分可以视为跨境电商范畴。数字经济范畴中的通过数字化平台或载体实现商品贸易活动的部分，可以归纳到数字贸易范畴，既包括国内数字贸易，也包括跨境数字贸易。数字贸易出现初期表现形式也可以视为跨境电商范畴，随着自身的发展与演变，其内涵与外延均超出了跨境电商，但又不完全囊括跨境电商。跨境电商强调通过互联网实现跨境商品交易，数字贸易则强调数字形态的跨境商品交易。数字经济的内涵最广，与跨境电商、数字贸易存在较多的重合；跨境电商、数字贸易与数字经济不完全重合；三者之间是交互融合、互相影响的关系。

三、数字经济、跨境电商与数字贸易的演变轨迹

（一）以时间维度看数字经济、跨境电商与数字贸易的演变

以时间为轴，梳理数字经济、跨境电商与数字贸易的发展历程与演变轨迹。按出现时间的早晚，数字经济是最早出现的，可以追溯到1994年。在数字经济发展初期，业界尝试对其进行界定，其范畴随着时间的推移、实践的检验而不断扩展与丰富。2016年、2017年数字经济又有新的解读，例如：Knickrehm等人将数字经济定义为各类数字化投入带来的全部经济产出；Bukht和Heeks认为，完全或者主要基于数字产品或服务、数字技术所引起的那部分产出就是数字经济，包括软件制造业、信息服务等行业。在数字经济发展基础上，跨国经济活动日益频繁，跨国贸易也融入数字化，从而诞生了数字贸易。早期数字贸易概念在2010年提出，自出现后到2013年可以界定为数字贸易1.0阶段。2014年的数字贸易定义出现了修订版本，后续出现多个新解读。到了2016年和2017年，数字贸易发展进入2.0阶段。跨境电商同样以数字经济发展为基础，跨境电商发源于2011年是业内较为认可的观点。2013年被称为中国的跨境电商元年，该年界定的数字经济定义也提到电子商务范式，认为电子商务是数字经济的表现方式之一。跨境

电商与数字贸易都是在数字经济发展与壮大情境下出现的，体现了数字经济、跨境电商与数字贸易一脉相承，跨境电商与数字贸易都源于数字经济，但又不完全等同于数字经济，三者之间也有一些显著的不同。

（二）从内涵维度看数字经济、跨境电商与数字贸易的演变

数字经济在 20 世纪 90 年代出现后，历经 20 多年，随着时代发展与技术进步，其内涵与外延不断演变。2017 年《政府工作报告》明确指出要推动"互联网 +"深入发展，并提出促进数字经济加快成长要求。从互联网到"互联网 +"，都可以视作数字经济的演进发展。精准界定数字经济是一个难题。包括计算机、通信设施、电子设备、电信、广播电视、软件与信息技术服务等行业都是数字经济的基础产业，互联网平台经济、互联网及相关服务行业等依托数字化的行业都可纳入数字经济范畴。数字经济具备融合性经济特性，即其他行业都因信息技术的应用衔接或关联到数字化转型而带来绩效提升。从整体视角看，数字经济的内涵最广泛，通过内涵与外延的扩散能够覆盖跨境电商与数字贸易。跨境电商与数字贸易都衍生于数字经济，都是数字经济在 2010 年前后内涵演变时出现与发展起来的。跨境电商又被视为数字贸易的初期表征，如前文所述，跨境电商与数字贸易并不等同。跨境电商同样衍生于数字经济，既是传统国际贸易拥抱数字经济的产物，也是"互联网 + 传统国际贸易"的结果。跨境电商的内涵与外延从开始到现在尚未发生大的变化，只是涉及的商品类型增多、参与企业与人数增加，跨境电商平台模式发生新的变化。随着数字化基础及相关技术的发展与变化，跨境电商也会随之发生一些新的变化，这些变化是否影响跨境电商内涵或外延的重塑，仍须时间与实践的检验，但就目前的发展情况看，跨境电商只是在经营环境、依存背景、参与方式、具体活动等方面有所变化，其通过跨境电商平台实现商品跨境交易的内涵不会有太多变化。数字经济时代下，通过数字化重构商品贸易的各个环节，从而产生了数字贸易。数字贸易产生之初强调数字产品与服务的形式，其内涵较狭窄，多聚焦数字化带来的商品形式变化。随着数字贸易发展，其内涵与外延同样发生变化，这一变化与数字经济发展密切相关，从内涵与外延看，数字贸易不再单纯聚焦在数字化商品与服务，也扩散到实体货物、数字产品与服务贸易。数字贸易发展到今天，商品贸易形式也不是简单地将商品展示在互联网上，也不单是商品交易主体间的交易，而是整个商品交易链及相关的物流链、资金链、信息链的数字化重构。

四、数字经济、跨境电商与数字贸易的发展趋势

（一）平行推进：数字经济、跨境电商与数字贸易发展趋向不同

数字经济、跨境电商与数字贸易不但有千丝万缕的联系，也具有一定的交集，但是数字经济、跨境电商与数字贸易并非同一概念，也不具有相同的范畴。相同之处在于，都与互联网、信息通信等存在一定关联，或者可以理解成数字化或拟数字化的基础设施；也都将与5G产生很多的关联，随着5G网络的发展迎来新的机遇。数字经济、跨境电商与数字贸易在将来的发展也表现出不同的趋向。数字经济将成为各个国家经济发展的主旋律，成为经济的重要构成，将融入人们生活的方方面面。数字经济更多反映在宏观层面与战略层面，是一种大的行业走势，是各国未来重点发展的领域。

随着电子商务逐渐普及，电子商务交易模式也融入人们日常生活，网店与网商层出不穷，各类电商平台百花齐放。在全球经济一体化、跨国贸易频繁化、传统贸易方式疲软等因素综合作用下，通过电子商务平台实现跨境商品交易，跨境电商成为经济发展不可忽略的促进因素与重要组成部分，中国跨境电商成为全球跨境电商的重要组成，引领着全球跨境电商市场发展。我国的《电子商务法》出台后，加强了对跨境电商市场与经营者的规范与约束，使跨境电商更加健康有序发展。跨境电商倒逼传统企业转型与升级，使其积极参与和融入跨境电商商业模式，跨境电商产业集群初具规模。

数字贸易源于数字经济，是数字经济与国际贸易相结合的产物。数字贸易发展初期多被认同为跨境电商，实则不等同于跨境电商。数字贸易强调依托数字产品、数字载体或数字组织实现跨境商品交易，既包括通过互联网渠道实现商品交易，也包括非互联网渠道实现商品交易。数字贸易也不是简单的货物交易活动，更强调数字技术与传统产业融合，推动传统消费模式向数字消费、互联网消费转变，推动传统制造业的数字化、智能化升级。

（二）互融共生：数字经济、跨境电商与数字贸易彼此影响

从演变轨迹看，数字经济、跨境电商与数字贸易存在相互融合、彼此影响的关系，其中又以数字经济为基础。数字经济表现形式既包括电子商务，也包括跨境电子商务，即数字经济通过互联网络实现跨境商品贸易。从时间维度看，跨境电商与数字贸易前后出现，但数字贸易热度低于跨境电商，甚至可以认为数字贸易是数字经济与跨境电商的融合体。从内涵维度看，数字经济的内涵与外延最广泛，包含跨境电商与数字贸易；跨境电商与数字贸易存在很大交集，数字贸易出现之初更被视为跨境电商，也有人提出跨境电商是数字贸易的初期表现形式。在各自发展历程中，数字经济、跨境电商与数字贸

易存在交互融合的情况。比如，数字经济发展趋向于通过互联网络实现跨境商品交易时，可视为跨境电商范畴；数字经济的跨境商品交易部分，且不通过互联网载体实现交易时，可视为数字贸易范畴；跨境电商又强调通过互联网载体实现跨境商品交易，既包括商品与服务，也包括数字化商品，这又与数字贸易的数字表现形式相重合。

（三）殊途同归：数字经济、跨境电商与数字贸易发展目标相同

数字经济、跨境电商与数字贸易都衍生于数字化基础，数字化基础又依托互联网、信息和通信技术。信息技术掀起了信息革命，推动数字经济出现与不断发展壮大。数字经济、跨境电商与数字贸易的出现除了技术因素刺激以外，更多的是经济与社会发展所需。从宏观层面看，数字经济被视为继农业经济、工业经济、信息经济后的一种新的经济社会发展形态，与信息经济是交互融合与升级发展态势。跨境电商与数字贸易同样在电子商务腾飞、传统国际贸易方式疲软的双重作用下出现与发展起来，最终目标都是推动经济与社会发展与进步。

数字经济、跨境电商与数字贸易依托信息技术，都受新兴技术影响。近几年，物联网、大数据、云计算、移动互联网、人工智能、区块链等新兴技术不断涌现，这些新兴技术的完善与融合发展促进了数字经济、跨境电商与数字贸易的升级。数字经济、跨境电商与数字贸易都需要应用这些新兴技术，将其有效地应用到自身实践中，成为数字经济、跨境电商与数字贸易发展战略的重要组成。除此之外，超级计算机、无人驾驶、3D打印、生物识别、量子计算、再生能源等技术也不断涌现，这些硬科技是影响未来的重要技术，与前文所述的软科技是相互促进作用。硬科技与软科技的不断创新融合，成为数字经济、跨境电商与数字贸易创新发展的助推器，与硬科技、软科技融合发展也是数字经济、跨境电商与数字贸易发展的目标。

五、区块链技术在数字经济、跨境电商与数字贸易领域的应用

区块链技术在数字经济、跨境电商与数字贸易领域有着广阔的前景。

（一）利用区块链技术探索数字经济、跨境电商与数字贸易模式创新

区块链又称为分布式账本技术，是一种多方共同维护，使用密码学确保传输与访问安全，旨在实现数据一致存储、难以篡改的技术。区块链不仅是技术，还是一种机制，是一种去中心化、信息共享、共识的新机制。无论从技术上看，还是从机制上看，区块链都代表着全球科技前沿，将成为我国数字经济、跨境电商与数字贸易发展战略不可或缺的部分。要依托区块链技术构建区块链产业生态，加快区块链与数字经济、跨境电商及数字贸易所依托的互联网、信息技术、大数据、物联网等科技的深度融合，构建"区

块链＋数字经济、跨境电商、数字贸易"的新商业范式。

（二）利用区块链技术推动我国数字经济、跨境电商与数字贸易引领全球

通过强化区块链技术研究，提升原始创新能力，使我国处在区块链研究领域的理论与技术前沿。依托理论与技术领先优势，推动数字经济、跨境电商与数字贸易创新发展，立足我国当前在数字经济、跨境电商与数字贸易的全球重要地位，不断取得产业发展新优势。还要充分利用区块链技术的领先优势，通过新旧动能转化对实体经济进行赋能，提高我国在数字经济、跨境电商与数字贸易产业制定国际规则的话语权，最终实现引领全球数字经济、跨境电商与数字贸易发展的目标。

（三）利用区块链技术提升数字经济、跨境电商与数字贸易运行效率

依托区块链的集合分布式数据存储、点对点传输、共识机制、加密算法等技术，将区块链与数字经济、跨境电商及数字贸易进行深度融合，充分发挥区块链在促进数据共享、优化业务流程、降低运营成本、提升协同效率、建设可信体系等方面的作用。不仅如此，借助区块链技术的不可篡改、不可逆等特点，可有效地规避数字经济、跨境电商与数字贸易运行中的诸多风险，构建运用区块链技术机制的数字经济、跨境电商与数字贸易运行方式，创造一个便捷高效、公平竞争、稳定透明的数字经济、跨境电商与数字贸易运行环境，有效地提升三者的运行效率。

互联网与信息技术既推动了数字经济、跨境电商与数字贸易的发展，也刺激了区块链技术的出现与应用。数字经济、跨境电商与数字贸易已成为我国经济体系不可或缺的部分，是实现我国高质量发展的重要推动力，它们颠覆了传统经济模式和产业模式，深刻影响着经济、社会与生活的方方面面。

区块链技术已成为全球科技发展前沿阵地，并覆盖到数字经济、跨境电商与数字贸易等多个领域，我国需要依托区块链技术，推动数字经济、跨境电商与数字贸易的发展，以此抢占新经济制高点，最终实现"弯道超车"。

第三节　数字经济下 C2C 电子商务课税的转型

互联网行业迅猛发展催生了大量数字化新业态，使税源发生重大变化，对以 C2C 为代表的电子商务课税带来了挑战。税法缺位、税收征管资源有限等问题，都是摆在税务部门面前亟待解决的 C2C 电子商务课税难题。本节从梳理我国 C2C 电子商务课税面临的机遇与挑战入手，在深入分析我国电子商务课税面临相关问题的基础上，从积极推

进电子商务税收立法、明确 C2C 电子商务适用税种、强化对网络平台的监管、积极创新征管控制路径、加强国际税收协调与合作等方面，提出了我国对 C2C 电子商务课税的完善思路。

一、我国对 C2C 电子商务课税面临的机遇与挑战

基于互联网的电子商务已成为促进消费升级、企业管理深刻变革、社会经济转型、国际贸易全球化、国家竞争力提升和经济社会发展的重要力量。电子商务按照参与主体不同一般分为 B2B、B2C 和 C2C 三类。B2B、B2C 电子商务税收管理相对规范，因为交易双方其中一方是电子商务企业，必须严格遵循工商、税务登记制度，与传统商务一样按现行税收制度和法律法规课税；而对于 C2C 电子商务，国家出于增加就业和鼓励新经济发展的考虑，多年来一直未予征税。随着 C2C 电子商务体量不断增大，C2C 电子商务课税问题日益尖锐，社会公众对 C2C 电子商务征税的呼声不断加大。为了缩小线下线上税负差距，避免税收收入流失，向 C2C 电子商务征税是税制改革深入发展的必然趋势。

（一）我国对 C2C 电子商业课税面临的机遇

1.C2C 电子商务经营者将履行纳税义务

2018 年 8 月 31 日通过的《中华人民共和国电子商务法》第十一条规定："电子商务经营者应当依法履行纳税义务，并依法享受税收优惠。"自此，通过互联网等信息网络从事销售商品或者提供服务等经营活动的自然人、法人和非法人组织，包括电子商务平台经营者、平台内经营者以及通过自建网站、其他网络服务销售商品或者提供服务的电子商务经营者都需要依法办理税务登记，并如实申报纳税。

2. 税制改革使 C2C 电子商务税收征管面临全新局面

全面营改增实施后，无论是有形还是无形电子商务，都应缴纳增值税。特别是跨境电子商务零售进口税收政策及其完善措施的出台，对跨境电子商务零售进口环节的关税、增值税和消费税统一征收，并明确了纳税人的范围和免征额度，增值税征管情况较为乐观。另外，C2C 电子商务涉及个人所得税，在个人所得税全面改革的背景下，税务机关可以通过识别号对自然人纳税人全部所得进行有效监管，C2C 电子商务个人税收征管面临全新局面。

（二）数字经济的兴起给我国对 C2C 电子商务课税带来了挑战

互联网蓬勃发展使得大数据、云计算、人工智能、"互联网＋"、区块链等新技术的成长和应用不断加速，推动了数字经济的兴起。据 2018 年 11 月第五届世界互联网大会

上发布的《世界互联网发展报告2018》和《中国互联网发展报告2018》数据，2017年，全球数字经济规模达到12.9万亿美元，中国数字经济总量达27.2万亿元人民币，数字经济对GDP增长贡献率达到了55%。数字经济的核心要素是数字化的产品和服务，与传统的产品和服务相比，其税源的形成和发展发生了显著的变化，也给我国对C2C电子商务课税带来了挑战。

1.C2C供给侧涌现大量"新个体户"，数字化产品生产环节失控

数字化产品的生产或数字化服务的提供呈现个体化、家庭化的趋势。比如网络游戏开发、网络小说创作、网络授课、网络直播等，都可以由个人在家中单独完成。因此，数字经济下涌现出大量的C2C"新个体户"——自由职业的知识生产者，潜在自然人纳税人数量急剧上升。同时，由于税务机关税收征管资源相对有限，难以对个体化和家庭化的数字化产品生产过程进行全程监管，部分税源的形成过程脱离了税务机关的监管，造成监管缺位。

2.C2C数字化产品电子商务呈现平台化特点，交易环节监管难度较大

目前，C2C数字化产品电子商务以"个人＋平台"为基本运营模式。数字化产品的生产或数字化服务的提供通常要通过网络平台进入流通、消费环节，如在网络平台销售课程、进行网络直播等。"平台化"既带来了机遇，也提出了挑战：一是对数字化产品电子商务平台的监管难度仍然很大，尽管电子商务平台对纳税人进行了一定的归集，但由于电子商务平台数量过多，税务部门想要实现全面有效监管并非易事；二是数字化服务的供给与消费同时发生，税务部门缺乏高效可靠的知悉路径；三是数字产品作为税源具有天然的隐蔽性，其数字化的存在方式和交易轨迹极易被修改，其具有的微型化、分散化、非物质化、巨额化集聚等特点，也使税源监管比监管有形物交易更加困难。

二、我国对C2C电子商务课税存在的主要问题

（一）立法滞后造成税收收入流失

1.税法缺位造成对新业态征税困难

近年来，我国电子商务高速发展，各类数字化产品和服务不断涌现。然而迄今为止，相关部门出台的与电子商务税收征管有关的法律依据以部门规章和规范性文件为主，尚未从法理层面完全弄清电子商务的本质，真正意义上的电子商务税法尚未出台。全面营改增的实施将电子商务中的无形资产纳入增值税的征收范围，貌似解决了关于电子商务课税问题的争议，但事实上并未对数字化的产品和服务应当按照哪一个税目征税做出明确规定，目前仍有大量电子商务交易或行为游离于税收监管之外。

2. 税法缺位造成对无形电子商务课税无法可依

我国关于电子商务课税的法律法规，包括新出台的《财政部海关总署国家税务总局关于完善跨境电子商务零售进口税收政策的通知》（财关税〔2018〕49号）在内，主要是对有形物电子商务税收征管做出的具体规定，对无形电子商务产品或服务课税并无明文规定，造成征税真空地带的出现。主要原因是对有形电子商务征税，实物流程显示"税收把柄"，税款流失相对较少；而对无形电子商务征税，税收管理漏洞较多，存在征管措施不到位、征管手段落后的问题，税款流失较多。

3. 税收征管缺位造成 C2C 与其他纳税主体税负不平衡

长期以来，我国对 C2C 电子商务不予征税，造成不同纳税主体税赋差距较大，负面影响越发明显。一方面，网店与实体店税负不均，对实体经营冲击较大。很多实体店不得不增加线上经营模式，使原本正常纳税的实体经营也转入了免税的行列。另一方面，对 C2C 不予征税会形成行业"税收洼地"，使得一些 B2C 企业冒充个人销售方逃避缴纳税款，造成税收收入流失，使不同纳税主体税收负担更加不均衡。此外，不征税的做法会将一些从 C2C 电子商务交易中取得巨额收入的自然人纳税人，如千万年薪的网络小说写手、上亿收入的网络主播等，排除在法定纳税人的范围之外。

（二）税收征管落后造成管理缺位

现行税务登记、纳税申报、税款征收等税收征管规程都是基于针对有形物征税建立起来的，并不适用于 C2C 电子商务税收征管。

1. 经营地点的模糊性造成税收管辖权不明确

在 C2C 电子商务交易方式下，税务机关需要通过网络平台了解纳税人基本情况。但是网络经营的隐匿性，使纳税主体经营地点变得模糊且不易确定，给纳税人身份判定造成了困难。目前我国税务机关普遍采取属地管理方式，税务管理格局与新型税源分布不匹配，电子商务纳税人没有明确的"主管"税务机关，税务机关对自己的管辖对象范围不清晰，容易出现不主动作为，变相放弃税收管辖权，形成弃管税源，导致税收流失。

2. 传统"以票管税"管理模式有效性下降

多数 C2C 电子商务交易交易额较小，消费者通常不索要发票，商家不再开具发票，"以票管税"效果大打折扣。商家不开发票，也就不再需要办理税务登记领购发票，难以发挥网络税务登记对网络税源征管的作用，以税务登记为基础建立起来的税收征管制度链条失灵，税源全流程管理失去制度支撑。另外，由于 C2C 电子商务交易载体多种多样，既有专业的网络交易平台，也有用于营销的个人微博、博客，也给税务机关识别和管理网络税源带来了难度。

（三）国际税收规则带来征管困难

在数字经济商业模式下，资产、交易和用户具有高度的可移动性、虚拟性、隐身性和协同性。在这种商业模式下，纳税人会通过无形资产转让定价、成本分摊协议等国际税收规则进行高端税收筹划，给国际税收管理带来了负面影响。

1.数字经济下传统"常设机构"设定失效

2017 年发布的《OECD 税收协定范本》要求常设机构设有固定从事商业活动的经营场所，但不包括为准备性和辅助性活动设立的经营场所。这样规定的目的是防止企业在展开次要活动的国家承担纳税义务。然而在数字经济背景下，跨国电子商务不再需要所得来源国"物理存在"的经营场所，原先被认为是准备性和辅助性的活动可能创造更大的经济价值。比如，A 国纳税人在 B 国从事软件研发，向 C 国消费者提供数字化的产品和服务，数字经济活动的利润产生地与征税地发生了错位，在 B 国的所有准备性和辅助性活动创造了极大的经济价值。现有建立在传统经济模式基础上的国际征税权判定规则难以对高移动税源征税，可能加剧各国利益纷争。

2.无形传输方式带来"营业利润"和"特许权使用费"的两难判定

在数字经济背景下，价值创造模式发生了根本性变化。货物销售收入与提供服务、转让财产、转让特许权使用费等收入变得难以区分。比如，影音产品、书籍、游戏等改变以往有形 CD 或 VCD 的销售方式，通过无形的数字化传输模式实现了跨国、跨地区销售。销售收入究竟该归属于来源国的营业利润还是特许权使用费是一个两难的判定。另外，在税收信息情报互换不通畅、跨国交易监管不力的情况下，较为隐蔽的无形传输方式为跨国企业国际避税提供了更加便利的条件，国际避税问题更加尖锐。

三、数字经济下 C2C 电子商务的课税对策

相对于对 B2B、B2C 电子商务课税，对 C2C 电子商务课税更加艰难。因此，在不断健全完善电子商务支付方式、个人隐私保护机制、电子签名和电子合同等相关法规制度体系的基础上，还要加速推进电子商务税收立法，优化税制，强化征管，加强国际税收协调与合作，切实提高 C2C 电子商务税收征管水平。

（一）积极推进电子商务税收立法

1.通过立法的方式确认对 C2C 电子商务征税

鉴于 C2C 电子商务不予征税造成线上线下税负不平衡的现象，产生了一系列弊端，建议通过立法明确对 C2C 电子商务征税，填平"税收洼地"，理顺税收分配关系，促进税收横向、纵向公平。在统一征税的前提下，借鉴国外电子商务税收优惠和国内小型微

利企业的税收优惠办法，讨论制定 C2C 电子商务税收优惠政策。具体地，确定一个年收入总额标准，低于标准的免于申报纳税。2018 年 11 月发布的财关税〔2018〕49 号文件规定：将跨境电子商务零售进口商品的单次交易限值由人民币 2000 元提高至 5000 元，年度交易限值由人民币 20,000 元提高至 26,000 元。《国家税务总局关于小规模纳税人免征增值税政策有关征管问题的公告》（国家税务总局公告 2019 年第 4 号）提出：小规模纳税人发生增值税应税销售行为，合计月销售额未超过 10 万元（以 1 个季度为 1 个纳税期的，季度销售额未超过 30 万元）的，免征增值税。相关部门在确定 C2C 电子商务进口环节和零售环节的增值税起征点时，可以参考上述两项规定，在避免 C2C 交易中的较大税源被遗漏的基础上，保证小规模纳税人得到适当的照顾和扶持。

2. 明确 C2C 电子商务适用税种

比照线下交易，C2C 电子商务应该缴纳增值税、城市维护建设税、教育费附加、地方教育附加和个人所得税。对于增值税，目前对于有形电子商务可以非常明确地按照销售货物征税，但是对于无形电子商务，即数字产品和数字化服务，应当进一步明确税目，不应笼统按照"无形资产转让"征收。城市维护建设税、教育费附加和地方教育附加等附加税费，可以考虑与增值税合并征收，即将增值税现行税率提高到 12%（城市）或 10%（县城），提高部分作为附加税费。"城市"和"县城"的划分标准与城市维护建设税相关政策规定一致。个人所得税可以按照纳税人"经营所得"征收，但是考虑到纳税人取得经营所得所需的成本不易掌握，难以适用查账征收的方法，可以采用核定征收方法，参照国家公布的批发和零售贸易业 4% ~ 5% 应税所得率和 5% ~ 35% 超额累进税率计算征收税款。

（二）强化电子商务税收征管

1. 强化对网络平台的监管

由于数字化产品及服务的提供需要借助网络平台送达消费者。税务机关应当充分发挥网络平台在电子商务交易中的中介作用，借助网络平台代扣代缴税款。这比直接管控分散的自然人纳税人更加可靠和有效。因此，电子商务税收征管应当以管理网络平台为主，以管理产品和服务提供者为辅，借鉴国外做法，由网络平台代收代缴税款。

然而对网络平台的监管亦非易事。网络平台数量庞大，管理模式各不相同，自身税收流失非常严重。为了加强对平台的监管，2010 年我国颁布了《网络商品交易及有关服务行为管理暂行办法》，对网络交易主体提出了实名制要求，加强了对网络平台中自然人纳税人的管理。相关部门还应积极借鉴国外先进管理经验，对各种网络平台（包括跨境电商平台）一律实行注册登记管理，引入纳税人实名制签名机制，以及电子签名和指纹识别机制，同时可以利用区块链技术创建区块链身份证，以此实现对网络平台的有效监管。

2. 积极完善征管控制路径

在"以票管税"因为电子商务消费者不积极索要发票而效力受限的情况下，税务部门应当加大电子发票的推广和使用力度。电子发票的推广和应用能够有效降低开票成本，将开票范围覆盖到非常小的数额。相关部门可以继续探索简化电子发票的开票方法，增加使用电子签名开具电子发票的简易开票流程，使"以票管税"在新环境下发挥应有的作用。

发达国家普遍重视居民账户管理，形成了严密的资金管理体系，对我国加强税收征管具有重要借鉴和启示意义。近年来，我国开始重视银行账户管理，严格实行实名制、交易限额及账户类别管理，对于纳税人资金往来有明确的交易记录，清晰可查，为税务机关向个人纳税人征收税款提供了数据支持。另外，在共同申报准则（Common Reporting Standard，CRS）背景下有望在境外居民账户管理上取得突破。如果能够有效推动金融机构、第三方支付机构、电子商务平台密切合作，将会对税收征管形成有力支撑。

3. 推动税务稽查与信用体系共同建设

税务稽查重在打击制裁，对违法行为形成外在震慑力；信用体系建设重在形成内生的约束力，使纳税人自觉守法，主动规避法律制裁。打防结合，德法兼施，更有利于规范、引导纳税人遵纪守法。

数字经济税务稽查经常面临假账、虚假信息带来的困扰，但是电子货币的追踪可以获得比现金交易更多的信息。税务稽查应当辩证看待数字经济的双面性，广泛应用云计算、区块链、人工智能、大数据等新技术，注重应用搜索查询技术，运用"爬虫软件"搜集互联网信息，在监管网络平台扣缴税款情况的同时，也对网络平台自身的纳税情况进行监控。

社会信用缺失不仅可能增加市场主体的交易成本，也会增加税务等政府执法部门的监管成本，造成极大的社会资源损耗。泛在性的电子商务活动是在跨地域的陌生人之间进行着虚拟化的交易，必须强化信用支撑作用。税务、市场监管等部门应当加强沟通合作，共同打击网络虚假交易、恶意差评、恶意炒作信用和偷逃骗税等失信行为。在电子商务税收管理中，要加强平台型企业内部的信用机制建设，加强个人诚信体系建设，征管制度的创建和实施既要以信用为基础，也要以推动税收征信体系建设为目标，凝聚各方力量实现共建共治共享，形成长效机制。

（三）加强国际税收协调与合作

我国是电子商务大国，应当在国际税收征税规则的重建过程中积极争取话语权，同时还应从以下几方面加强国际税收协调与合作，防止国际避税，保证税收利益最大化：一是要遵守 OECD 在 2013 年和 2014 年发布的《税基侵蚀和利润转移（BEPS）行动计划》和《关于数字经济面临的税收挑战的报告》等有利于电子商务发展的新规定，支持各国公平分享跨境交易产生的税收收入。二是认真研究欧盟委员会提出的"虚拟常设机构"概念，分析其潜在影响。遵循 OECD 以"显著经济存在"替代"物理存在"的理念，以"实质重于形式原则"替代"关联度原则"；在数量界定方面，以会员注册数量、活跃用户数量、总交易金额数量等作为评判常设机构的标准；在性质界定方面，将当地的网络域名、网络平台和付款方式作为评判常设机构的标准。三是基于我国消费大国的背景，在数字经济下确立征税权时，不仅考虑"来源国"和"居住国"的征收标准，还需要将"消费国"作为税收管辖权的重要组成部分，完善预提所得税的相关规定。可以考虑在境内接受数字产品和服务的私人消费者的账户下设置某种计算扣税的软件程序，在对外支付交易付款时依照协定税率计算扣缴相应的预提所得税。同时针对越来越多的我国消费者从国外购买数字化产品和服务的情况，如在境外网站下载付费软件、购买会员服务等，相关部门应当积极探索对境外服务供应商进行注册管理的可行性。

第四节　数字经济背景下的跨境电子商务税收

在数字经济的背景下，跨境电子商务的爆炸性发展对国际税收提出了挑战。最具挑战的税收问题就是跨境电子商务的逃税问题，一些国家和组织针对这个问题已经制定了相关的税收政策。中国的跨境电子商务企业应该根据自己的实际情况，结合各国的税收监管，在对跨国电子商务税收政策进行个性分析的基础上，形成对不同国家的定期了解。最后以京东集团为例，探讨如何处理跨境电商税务策略。

应对税收挑战是目前税基侵蚀和利润转移（BEPS）的首要行动计划。除此之外，国际税收政策针对商务税收的监管问题也制定了一些基本原则，这些基本原则有利于提高网上购物效率，有助于加大国家和组织之间对商务税收的监管力度。

一、全球数字经济背景下对跨境电子商务税收的初步认识

制订 BEPS 行动计划，目的是制止不同国家和地区的偷税漏税行为导致的纳税所得

金额和利润降低，可以让经济欠发达的国家不用承担太大的税收负担。因为这是以数字经济背景下的电子商务税收，数字经济本身就有流动性、变异性和数据依赖性等各种风险的问题。所以，跨境电子商务因为有了数字经济的背景对国际税收制度的构建有了一定的阻碍性。

（一）国外跨境电商税收政策特点

数字经济背景下的电子商务是符合国际税收规定的。各个国家之间所采取的税收制度因为数字经济的特点以及国家的规定制度不同也会有所差别。

第一，首先从税收方面看各个国家之间的税收差异。不同的国家因为数字经济的特点不同，制定的税收政策也不同。对电子商务和数字经济的税收，主要分为增值税和所得税。比如澳大利亚的税收主要是征收货物服务税，就是当有消费者从海外购物时，纳税人就是电子商务平台也就是说将由电子商务平台支付税收。而德国的跨界电子商务供应商征税，并没有规定所应支付的税收是由电子商务平台支付。而亚马逊的纳税就要根据相关有效的票据来说明纳税信息。所以从这些国家的税收方面来看，各国之间的税收政策都有所不同，但是目前数字经济下的电子商务也涉及了增值税和所得税。但是要想制定统一的国际税收政策还需要一定的时间来调整和规划，还有很长的路要走。

第二，从税收角度来看，数字经济是一种特殊的形式，是在数字和非数字之间的一种特殊的单独的区域，很难形成一种单独成立的税制，而且数字经济还存在很大的不确定性，所以各个国家都在为了电子商务制定可靠的政策。

第三，税收政策也会受到国家利益的影响。具体来说就是跨境电子商务中存在的不同的税收政策导致了很多国家会采取各种手段来为自己获取相关利益从而增强自己国家的竞争优势。除此之外，双重征税会违反税收原本的公平原则和分配制度，使得电子商务带来的国际之间的摩擦和竞争力度持续增加。

（二）国外跨境电子商务税收政策

1.澳大利亚

在 20 世纪末，澳大利亚的税务局和经济合作与发展组织财务事务委员会就电子商务原则已经达成一致。也就是说当时确定的电子商务的基本原则就包括中立、效率、公平、明晰这四大原则。除此之外，澳大利亚税务局认为国际税收概念可应用到电子商务中去，但是还没有进一步明确。澳大利亚对电子商务实行供应商品所得税，并且从 2018 年的 7 月 1 日起就对海外实行了这项制度。就是说消费者在海外购买的物品如果超过规定的金额，那么商品服务税就由电子商务平台支付。

2. 俄罗斯

俄罗斯的联邦海关总署于 2017 年 11 月 24 日颁布的第 1861 号法令中对俄罗斯的购物提出了新的要求。具体就是每次俄罗斯公民从网上购买物品时需要提供自己的护照信息和基本的收获货和商品链接。对于海外购物俄罗斯则采取超过 20 欧元纳税的政策，由原来的超过 1000 欧元变为最低标准为 20 欧元，这种政策目前还是俄罗斯政府起草的预算草案，还没有得到实施。除此之外，俄罗斯还打算推出增值税制度，就是在超出范围之后收取最终价格的 15.25% 的增值税。

3. 英国

英国对其税收制度也有明确的规定，并说明所有的网上物品都需要缴纳增值税，税率和澳大利亚俄罗斯的有所不一样，它是按照标准税率的 17.5% 来收税，优惠税率是 5%。除此之外，为了加大对电子商务税收的监管力度，英国还规定在支付进口关税和增值税的时候要用特定的增值税代码。

4. 欧盟

欧盟委员会在 2017 年 12 月 1 日对电子商务和网上业务商讨了最新的税收规定，并且要把这些草案交给欧洲议会对其进行商讨和决议。在税收规定中有这样一个规定，增值税最终是由消费者所在的国家来支付的，真正实现税收分配公平原则。

二、国家层面：主动在国家层面建立新的跨境电子商务国际税收秩序

跨境税收的制定需要面对新的形势，需要国家之间共同协调合作商讨出一个税收制度，对跨境电商进行一定程度上的创新。而我国作为主要的电子商务大国更应该积极为税收制度的建立出谋划策。

第一，当制定国际税收规则时，我国要充分利用这次机会增强话语权，提高我国在国际上的地位，在规则的制定过程中，要积极建言献策，充分发挥中国的智慧和力量，让各国看到我国的综合实力，除此还要加强我国与其他国家的沟通交流，共同商讨税收政策，在公平的规则下，有利于国际税收制度的公平分配和正常实施。

第二，在 BEPS 的计划领导下，更要加大对跨国电子商务税务的监督，要与各国的税务相互协调发展，共同打击一些违法的避税偷税行为，加强对这种情况的惩戒力度和监督力度，从根本上维护好制度。

第三，各国之间相互协调配合对于流动税的监督加大力度，保证各国税收优惠互利的公平原则，避免跨国商务出现的避税。各国之间加强税务合作，共享税收优惠政策，

建立全面的多边税收合作共同解决问题。

第四，电子发票的实施越来越流行，可以有效促进国家间的电子发票数据交换。为了使这一政策有效运行，国家在 2015 年 11 月专门发布了一项关于电子发票系统和普通发票之间的关系的通告，有效证明了电子发票与普通发票一样具有时效性的特点，两者是同样的，没有什么区别。这项通告的公布有效促进了消费者的利益，为消费者提供了很大的便利，而且国家间的电子发票数据交换促进了各国之间的交流合作，对跨国商务税收实施了有效的监管。

三、企业层面：企业主动适应跨境电子商务税收的新形势

在严峻的形势下，跨国商务电商没必要再从税收制度上打主意，面对全球化的竞争压力，跨国商务电商更要努力增加实力，用实力来应对当前形势。

（一）跨境电子商务创新实践的趋势

首先，使用新技术来提高运营能力和效率。要想增强自己的综合实力，就要从创新的角度出发看待问题，利用当今时代最为先进的技术来提高自己本身的效率和能力，用全新的公平政策来寻找最有利的机会进行融合加强，利用互联网时代下的信息技术为自己的产品打造新的生命和质量。

其次，本地化操作。跨国电子商务在达到一定的规模之后一般可以采取建立分公司来扩大规模，还可以运用储存方式来实行物流运输，这样就能把跨境的高消费物流运输转变为普通的出口货物运输，不仅降低了消费成本，给消费者带来了便利，还为公司本身带来了极大的交易效率。

再次，更多地关注商业运作。跨境电子商务具有分散和脱媒的优势，要多关注商业运作，要让专业的机构去解决买卖双方的各种问题，不要通过中间商来解决所谓的无中生有的问题，避免双方经济损失。通过专业机构来尽量减少自己在货物出口时遇到的各种通关问题，熟悉自己的业务运营。

最后，打造跨境电子商务国际信用品牌。目前由于各国之间建立的税收合作制度使得很多国家对跨境电子商务存在很大的分歧，各国对这一事件都有不同的看法，因为电子商务之前存在的税收监管不力问题让很多国家对其安全、信息、税收损失以及产品质量问题等问题都有所考虑。电子商务更要通过合法的手段打造出属于自己的品牌。

（二）跨境电子商务税的应对策略——以京东集团为例

在当下这样一个以电子商务为主的时代，我国要顺应这个潮流，抓住机会用诚信的态度、合法的手段、积极的策略应对新的问题和挑战。在中国的电子商务中，京东商务

可谓佼佼者，可向其借鉴功经验。

第一，创新是这个时代的主题，有了创新才能够增强综合实力和竞争优势。我国京东电子商务正是做到了这一点，适应了时代的发展，不断在云计算、大数据、智能硬件、物流仓储等先进科技领域进行创新。而且京东不仅在创新上走在前列，而且还积极引进无人智能机进行物流转运，一直在物流发展的道路上引领着其他的行业朝前走。

第二，提高海外业务规模和效益，遵守当地税收法规，促进竞争发展。为了让海外贸易的规模和效益得到持续发展，提高自己本身的竞争优势，京东除了对自身的产品质量有较高的要求外，还结合自身的优势对国内外需求进行整合。目前，京东已经进军到美国、俄罗斯、澳大利亚等国家，形成了自己独特的电子商务平台。除此之外，京东在形成具有自己特色的电子商务平台时也带动着国外的商务发展，比如俄罗斯就有在2015年发展电子商务平台网站的意向。京东不仅努力向合作的国外贸易国家的特色发展，还不断推出自己的发展特色带动各个国家的电子商务向前发展。率先推出了电子发票引领全球潮流，给消费者带来极大的便利。随着世界科技的发展，京东新推出的电子发票具有创新特色，引领着更多的中国公司跟随京东进军全球各地。

第五节　数字经济下探索电子商务行业税收征管

数字经济是以一整套数字技术在传统经济领域传播、融合形成的新的经济形态。电子商务属于数字技术发展的一种，能够为消费者提供更加便利和实惠的商品服务。随着信息技术的发展，征税并不是难题，难题在于现有的税制与数字经济发展不相匹配，造成了纳税的"逃"，征税的"追"。本节通过对新常态的数字经济时代的思考，探索电子商务行业税收征管需要解决的三个主要问题：公平问题、效率问题、效益问题，进行有针对性的剖析，通过强化税务登记、加大对信息化技术的利用、税收侧重点转变等方式进行针对性的举措，为数字经济时代对电子商务行业的税收征管提供新思路。

随着第二代互联网、移动互联、云计算等技术的发展，信息传递和交易成本迅速下降，进一步促进了专业化分工，众筹、众包、平台经济、共享经济等崭新的商业模式正在渗透到经济的各个领域，较大区别于传统经济运行方式。外卖订餐、网上直播、滴滴打车等通过数字经济衍生的新电商生态不断创造新财富。数字经济发展促使交易成本下降，使得生产要素在空间上集聚的必要性大大降低，共享经济的发展也进一步造成了自然人作为消费者和生产者边界的模糊化，对针对个人及企业纳税人的传统税收征管构成了极大挑战，商业模式的创新让税收监管变得更加复杂多变，也让税务稽查变得更难。

一、征管现状问题

当前对于电子商务市场上主要存在三种主流电子商务经营模式：一是依托中大型综合电商 APP 平台，比如淘宝、京东等；二是自建网页在线销售平台，比如传统企业的电商自销平台；三是植入社交、游戏、视频直播等平台，通过口碑营销方式推广，实现销售目的。现结合社会整体发展现状，具体从三个方面问题来思考当前税收征管工作存在的问题。

（一）公平问题

电子商务的发展较大地迎合了市场发展需求，从传统的多层分销方式到现在的 B2B/B2C，使得社会商品、服务等交易的效率极大提升、成本下降。中国国家统计局电子商务交易平台调查显示，2017 年全国电子商务交易额达 29 万亿元，同比增长 12%。而在 2012 年交易额仅 1.3 万亿元，6 年间年度复合增长率达 168%，并呈现继续大幅增长的态势。在享受创新经济模式带来便利的同时，电商发展也带来了两方面影响：一是实体经济的衰退，二是无法有效地对网络交易征税。如果几千万的电商企业可以光明正大地偷税漏税，不符合税收的公平原则。所以，如何在保证经济模式创新的同时还要保持线上电子商务、线下传统公司的税收公平是个新难题。

（二）效率问题

数字经济发展带来的信息集聚和处理效率的提高也为税收征管的根本性变革提供了技术基础。电商的税收征管有两方面信息不对称：一方面，纳税人与税务机关对税收制度和政策获取信息及理解不对称，在自行纳税申报时，纳税人由于不能及时了解和理解最新制度，容易造成主观漏税疏忽；另一方面，纳税人和税务机关对具体业务的熟悉度信息不对称。不同的业务需要税务机关通过纳税评估、风险识别和税务稽查、处罚等手段进行监督，难以赶上新经济的发展速度。

（三）效益问题

新经济、新技术快速发展的同时也带来了很多税收征管摩擦问题。当前各个政府行政体系均有自身的信息系统，各个板块之间的系统并不兼容，税务机构与其他政府机关、事业单位难以实现有效的信息共享。在缺乏有力证据的情况下，税务机构难以进行税务稽查，参与电商中的企业和个人逃税风险很低。如果对电商采取的税收征管采取一刀切方式又会对创新经济造成消极影响，盲目去征管反而会出现新的问题。如何寻求二者之间的平衡点也是当前迫切需要解决的问题。

二、解决问题

结合当前电子商务征管工作中发现的问题，应充分利用数字技术为电子商务的税收征管工作提供新思路，解决征管难题。

（一）规范电商参与者税务登记

数字经济时代下，参与互联网的电子商务企业需要有一个和传统企业公平竞争的税收环境，这就需要使得税收监管先行。要求电商参与者进行税务登记，此举并不会对电商造成负面影响。对于工商、税务部门而言，借助信息化系统，还更方便电商管理。在税务登记注册时，税务局直接与电商平台公司进行系统对接，为电商参与者注册唯一的电子商务税务登记编码。税务局在信息化系统后台对开展网上销售的个体经营者注册信息进行数字比对，在涉税监管上掌握主动权。初期可以对主动规范税务登记行为的电商参与者进行有条件的奖励，从而提供一个公平的税收环境。

（二）利用信息化技术防控涉税风险

在数字经济高速发展的情况下，作为税收监管部门可以多采取数字经济的创新工具。在商品交易方面，重点针对零散纳税人较多、监管难度较大、网络市场入驻规范度较低的企业深度走访，采掘数字信息，通过大数据应用系统进行比对，逐步搭建数字模型，探索技术创新手段，科学地提高税收征管效率；在数字化货币方面，逐步分阶段要求支付宝、微信支付、京东钱包等支付工具对接税务系统，前期必然还是以人工核查提取数据为主，后期通过改进运行算法，实现大数据的深度挖掘，可能会比百十万的"税务大军"更加有效。

（三）转变税收侧重点

对电子商务征税，应该促进从间接税为主向直接税为主的转型。电子商务发展是必然趋势，在税改初期可以对电子商务实行轻税政策，促进新经济健康发展，保持经济的活力与效益，这也是实现国家经济规模总量上升与税收增加的有效举措。随着各级政府部门信息系统的整合与信息技术的发展，数字经济时代的各项技术将会有效推动税收征管工作的优化发展，提高社会税收公平，强化当前涉税管控。

第六节　电子商务的经济学特征及对经济结构的影响

随着市场经济的发展，电子商务已经逐渐深入社会经济生活的各个领域。电子商务中的许多产品是数字产品，生产数字产品的企业最便于开展电子商务。本节阐述了电子商务企业遵循的规律，电子商务新的经济学特征及这些特征对经济结构的影响。

在电子商务中，许多产品是数字产品，包括计算机操作系统、办公生产性软件、电子图书、音像制品及信息、服务等。这些产品有区别于传统商品与服务的许多特征，生产数字产品的企业所遵循的规律也不同于传统企业，呈现出许多电子商务新的经济学特征，这些特征也必将对经济结构产生越来越大的影响。数字产品就是信息内容基于数字格式的交换物。数字产品既可通过载体以物理方式运送，也可通过互联网以电子方式运送。

一、生产数字产品的电子商务企业应遵循的规律

在要素投入方面遵循边际成本递减规律。一般工业企业的成本曲线呈 U 字形，产量超过一个适度规模以后，随着产量的继续增加，平均成本和边际成本开始上升。而数字产品在理论上可允许无限多的人同时共享，可以零成本复制，平均固定成本使产品数量的增多呈下降趋势，平均可变成本与边际成本同样趋于零。

价值的不确定性在于企业生产数字产品的原始成本是固定的，但由于其边际成本趋向于零，销售数量的不确定性及对不同消费者效用大小的不确定性决定了其价格的不确定性。边际效用递增性是指信息与财富在边际效用上恰好具有相反的性质，即一个人拥有的信息越多，每增加一条信息对这个人的效用就越大。

二、电子商务新的经济学特征

由电子商务而派生出的新经济特征与以往的经济形态大相径庭，有其自身的运行规律。主要体现为如下经济学规律：摩尔定律、梅特卡夫法则、马太效应、边际报酬递增规律等。

（一）摩尔定律

摩尔定律是网络信息技术功能价格比的变化规律，它揭示了信息技术产业快速增长和持续变革的根源。按此定律，计算机硅芯片的功能每 18 个月翻一番，而价格以减半数下降。摩尔定律反映了信息技术产品的性能价格比，揭示了信息技术产业高速增长的动力源泉。该定律从 20 世纪 60 年代至今依然发挥作用，并在今后会持续发挥作用。计算机性能的不断改进与价格的快速下降促使了人类计算成本的显著下降。

（二）梅特卡夫法则

根据梅特卡夫法则，网络价值等于网络结点数的平方，或网络价值随着网络用户数量的增加而呈指数增加。信息网络的扩张效应受梅特卡夫法则支配，或者说梅特卡夫法

则反映了信息网络扩张效应。互联网用户大约每半年翻一番，互联网的通信量大约每100天翻一番，这种爆炸性增长必然会带来网络效益的迅速增长。

（三）马太效应

新经济是以信息流组织与支配商品（包括货物和服务）流、资金流、技术流、人力流的经济。在信息活动中，由于人们的心理反应和行为惯性，在一定的条件下，优势或劣势一旦出现，就不断加剧而自行强化，出现滚动的积累效果，即所谓的马太效应。

（四）边际报酬递增规律

在电子商务时代，信息资源成了新经济中的主要资源，这种资源是可再生和重复使用的，具有无限排他性，它的成本不随使用量的增加而成比例增加。这从根本上改变了传统工业经济中边际报酬递减规律存在的条件，出现了要素边际报酬递增规律。在社会经济的投入产出系统中，在其他条件不变的情况下，随着要素投入的持续增加，其边际报酬（边际产出效益）呈递增的趋势。

三、电子商务新特征对经济结构的影响

大多数经济学家认为市场是一种对稀缺资源进行分配的有效机制。然而，今天大量商务活动发生在大的等级制企业组织的内部。当交易成本很高时，商人就会创立企业，这种企业用一套等级制的监督和控制系统来代替市场上的交易协商活动。尽管建立和维护一个监督和控制系统的成本可能会很高，但在很多情况下这些成本低于交易成本。

经济学家奥利弗·威廉姆森把科斯的理论推广了一步。他认为，那些生产工艺复杂、采用流水线作业的行业倾向于有更多的等级制企业，最终更容易实现垂直一体化管理。企业界的生产和管理创新大大提高了等级制监督活动的效率。流水线和其他大批量生产技术可以把复杂的工作分解成小的、易于监督的步骤。计算机的出现极大地提高了上级管理者监督和控制其下属具体活动的能力。高层经理使用的一些直接绩效测量技术甚至比一线监工的监督更加有效。

从工业革命到现在，随着监督手段的日益普及，企业垂直一体化的规模和层次都在不断地增加。然而，在一些大型企业里，监督系统不能适应企业规模的扩大。由于企业的整体经济可行性取决于它有效地监督各级企业业务活动的能力，问题就出现了。这些企业只好采用分权管理，让不同的业务单位像独立的企业那样运作，它们彼此按市场模式协商交易，而不像同一企业不同部门那样交易。这些分权化的方法只是简单地回归到高效的市场机制，这种机制在企业垂直化之前是行之有效的。

企业和个人采用电子商务可以改善信息的流动、协调不同活动、降低不确定性，从而降低交易成本。通过降低收集潜在买主和卖主信息的成本、增加潜在市场参与者数量，电子商务可以转移很多企业对垂直一体化的注意力。企业在销售商品和处理订单时，用电子商务可以降低销售询价、提供报价和确定存货等活动的处理成本。正如电子商务可以增加卖主的销售机会一样，它也给买主提供了更多的选择机会。企业在采购时利用电子商务可以找到新的供应商和贸易伙伴。利用网络可以高效地传递报价和交易条款，提高了企业间信息交换的速度和准确性，降低了交易双方的成本。虽然现在还不清楚电子商务的广泛采用是否会使等级制组织回归到它们以前的基于市场的结构，但有一点是肯定的，那就是电子商务的广泛采用会对经济结构产生重大影响。

（一）在市场模式方面

很多企业和战略业务单位都是在介于市场型和等级制两种经济结构之间的中间模式下运行的，这种中间模式就是网络型。在这种网络经济结构下，不同的企业根据共同的目标建立长期的稳定关系，以协调它们的战略、资源和技术组合。这种网络型的组织特别适合于信息密集的高技术行业。电子商务可以使这种主要依赖信息共享的网络更容易建设和维护。一些研究者认为，商务活动的这种网络组织形式在未来将占据主导地位。

（二）在市场竞争方面

一家企业在网上做的广告可以把企业的促销信息传递到世界各地的潜在顾客的手中。企业也可以通过电子商务送达在地理上极为分散，而需求非常狭小的目标市场。互联网和 WWW 在创造虚拟社区方面特别有效，这些虚拟社区可以成为企业理想的目标市场。虚拟社区是指具有共同兴趣的人的集合，但这种集合不是发生在现实世界，而是出现在互联网上。电子商务企业实时生产，零库存销售及差别规模经济的运营模式，打破了大型企业的垄断地位。虚拟企业的出现和贸易环境的改变也降低了中小企业的进入壁垒，从而增强了市场的竞争机制。在梅特卡夫法则的作用下，较好地解决了传统市场上信息不对称的问题，商品价格不断降低，在达到价格底线后便不再下降。它在这一水平的停留最终导致价格失去导向作用，市场中更多依赖的是非价格竞争。

（三）在资源配置方面

电子商务这种新的运行模式最大限度地提高了市场效率，资源配置将趋向最优状态。电子商务改变了传统经济运行方式中各环节的比重。经济运行的中心环节呈现出逐渐从生产和流通向设计和消费转变的趋势。传统商务体制下形成的资源配置结构，必将在电子商务状态下发生重大转变，朝着信息化和科学化的方向转变。

（四）在产业结构方面

第三产业将会获得更大的发展，比重将大幅度提高，特别是服务性行业在国民经济中的地位将逐渐增加。同时，行业结构也发生了变化，电子行业以及与电子产品制造业有关的行业将会取得高速的增长，其他行业的发展相对缓慢。

（五）在国际经济结构方面

影响将在多个层面上产生：一是促进国际经济的一体化，各国国内市场与国际市场的连接度会进一步提高；二是各国国民经济结构将在国际经济结构的整体构架下按资源合理配置的原则进行分布，由国际经济结构决定各国的国内经济结构。

第七章 大数据环境下电子商务研究

第一节 大数据的电商物流运作

物流是电商交易中的最后一个步骤，这个步骤将直接实现与买家之间的沟通，对于整个电商的未来发展和服务改善等方面都具有重要的意义。随着大数据时代的到来，当前一定要积极地改进电商物流运作，创建新的运行模式，从而为电商的未来发展提供可靠的保障。下面将对大数据的电商物流运作策略进行详细的讨论和分析。

一、电商物流的发展特点及背景

电商物流主要指的是电子商务中的最后交易程序，是电子商务发展中所衍生出来的重要行业。由于在电子商务中的交易范围十分广泛，产品销售的数量也不确定，因此电，子商务对于企业的物流有着不同的要求。同时，在不同的电子商务企业中也有着不同的物流特点。一般来说 B2B 的电子交易额度会比较大，在物流方面的需求却比较简单，个性化服务也显得十分单调。而在 B2C 的电子交易中所涉及的客户、商品较为复杂，额度也比较小，并且有着范围不确定的特点，因此，这样的交易对于物流的服务要求往往是比较高的。

近年来，随着网络的快速发展，电子商务作为一种全新的交易手段已经被越来越多的人所熟知，并且也开始向大众化发展，在未来这势必会成为一种重要的消费方式。网购的发展使得电商行业快速进步，正是因为这样的进步才给物流行业提出了更高的要求。由于消费者来自全国各地，因此，在物流的安全性、时效性和服务等方面都在不断地提高要求。

二、大数据的电商物流运作策略

现代社会是一个信息爆炸的时代，电子商务是大数据时代发展的佼佼者。当人们在商场购物需要浏览商品进行对比，然后进行消费的过程中，数据并没有被记录下来，而在电子商务中，人们通过电子浏览方式不仅可以实现收藏，同时还能够根据消费者的个人喜好来推荐商品。可以说在现代社会中准确地为消费者推荐商品已经成为电子商务发展的重要趋势。消费者在网站进行浏览和消费的过程中都会留下一定的痕迹，这些痕迹也就是用户的个人喜好数据内容，电商通过对这些数据的收集和整理进一步地对用户需求进行分析，从而更加精准地为客户提供商品和服务，这对电子商务的发展和企业的利润提升将产生重要的作用。

（一）中小型电商的物流运作策略

中小型的电商物流运作中的订单是比较复杂的，电商对于数据进行高效的分析将节省大量的时间，从而提升市场价值。对于这些电商来说，第三方的物流将是一种十分有效的运作方式。对此，作为电商企业首先应选择较为可靠的物流进行长期的合作，当电商企业有了一定的订单以后，在确保双方利益的前提下与物流方达成协议，从而促使双方利益得到提升。同时，应当建立起相应的大数据物流控制系统。在控制系统中需要将整个物流过程进行全面的跟踪和梳理，这样才能进一步为客户提供可靠的物流服务，同时也能为物流的安全和效率提供基础的保障，促使整个物流过程能最大效率地完成。

（二）大型电商的物流运作策略

对于一些规模比较大的电商来说，在物流运作方面最为重要的就是配送的质量。因为大型电商的客户一般对此的要求会更高，这就要求电商在进行物流配送的过程中不断地融入现代化的物流模式和方法，充分运用自动化物流设备，以便能提升作业的整体效率和质量。大型电商在物流的配送环节中所涉及的内容要更加广泛，需要整个团队来协作，这也是大型电商都愿意选择建立起自己的物流团队的原因。与第三方物流相比较，利用自建的物流团队进行物流运输，在整个过程中产品的质量和服务将更加有保障，同时在一些产品的处理过程中也能更加灵活，对提升整个商品的附加价值，提升企业的信誉和服务质量都将产生重要的意义。在这样的物流运作环境中，对于企业的市场口碑提升和产品的推广也将起到积极意义，对企业未来发展是百利而无一害的。

在大数据时代的发展背景下，物流运作将是促使电商进一步发展的关键，也是企业的宝贵财富。因此，当前阶段我国的电商物流一定要积极地根据自身的企业实际情况来建立起科学的运作方式，从整体上考虑到客户的实际需求，争取在大数据时代占领一席之地，为企业的未来发展提供可靠的保障。

第二节　大数据的电商退货物流控制

我国电子商务发展迅速，目前已进入快速扩张和密集创新的新阶段，日益成为拉动我国消费需求、促进产业升级、发展现代化服务业的重要引擎。然而，在电子商务快速发展的过程中，也日益凸显出一些问题，其中，电商退货物流一直是一个持续增长的问题。随着网购的不断增加和客户要求的提高，退货物流的产生越来越多，从根本上控制电商退货物流的产生显得很有必要。本节在大数据时代的整体背景下，从分析退货物流成因的角度，对大数据应用于电商退货物流控制进行流程设计。

一、电子商务退货问题现状

伴随互联网时代的到来，电子商务以其线上交易的便捷性、集成性、低成本性而获得爆棚式的快速发展。电商飞速发展带来的商业机会和消费热点，引起政府、学者以及企业等各界人士广泛关注，这一新兴行业将对促进消费和拉动经济起到重要作用。中国电子商务研究中心监测数据显示，2016 年中国电子商务市场总交易规模为 22.97 万亿元，同比增长 25.5%；网购用户规模达到 5 亿人，同比增长 8.6%；快递企业营收规模为 4005 亿元，同比增长 44.6%，这些数据显示 2016 年中国电商规模持续增长且涨幅平稳。

但是，由于行业没有标准化，导致电子商务在发展过程中出现许多问题，比如随之而来的电商退货问题正逐步成为困扰电商企业和物流企业的大问题。退货比例的逐步上升，使得退货成本居高不下，退货过程中的物流成本、商品残损成本等都会给电商平台、供应方、物流方以及消费者带来利益损失。据国家邮政局网站和中国行业研究网数据显示，2016 年"双十一"网销期间，共产生快递订单量约 1.8 亿件，与 2015 年的订单量相比，增加了 84%；各快递企业每天共处理快递量为 6000 万件以上，同期上涨 45%。然而，"双十一"过后的电商退货率却达到了 25%，部分商家高达 40%，极高的退货率与巨大订单量形成对比，使得快递企业负担更多的工作量。

大量的退货订单，给电子商务企业以及物流企业带来了重重压力和挑战。除了"双十一"期间的高退货率，在平常时段由于商家售卖假货、消费者冲动购物以及快递损毁等引发的退货也愈演愈烈。不管何种原因退货，都关系到买家、卖家和物流企业等多方利益。退货率对电商企业而言较为敏感，由此带来的物流成本、货物破损成本等也是企业较为重视的问题。

在这种环境下，人们对电商退货的关注度也越来越高，诸多学者在不同背景下进行了研究。程满华等对"天猫商城"退货物流模式的选择进行了展开研究，认为第三方逆向物流模式是较为适合的退货物流方式；翁朝旭等针对当下的电商环境提出联合构建逆向物流网络的思想，旨在降低两大逆向物流的回收成本，形成规模效应和溢出效应；卢冰原等站在物流需求角度，提出基于退货物流的逆向物流柔性联合体协作模式，整合电商退货物流的相关可用资源，构建电商退货物流智能化信息平台，减轻快递业负担，分散退货风险；赵晓敏等将正向物流和逆向物流融为一体，借助动态建模方法探讨电商退货对供应链系统运作的影响。

以上研究均从优化电商退货物流的角度进行研究，然而，关于寻找退货原因，从减少和控制电商退货物流产生的角度来研究的文献却相对较少。本书基于大数据整体环境，结合电子商务数据的特点，对电商退货原因进行了初步流程设计。以期通过数据分析得出退货的根本原因，使得电子商务平台得到合理规制，提高用户体验，使线上购物效果匹敌线下购物，减少退货物流，节约社会成本，促使电子商务及电商物流更快、更稳地发展。

二、电商贸易流通中的数据特点

（一）多变性

电子商务数据的多变性是由电商本身的特性决定的。首先，电商平台上交易范围广泛、种类多变，各类商品琳琅满目，并且同一商品还包括不同品种和品牌；其次，商品形态各异，随着现代社会行业分类的细化，商业交易除了以有形商品为交易对象以外，还包括无形商品；此外，商品价格、供需量也会随着季节更替、物价水平、促销活动等因素的影响而发生变化。

（二）复杂性

电子商务贸易不同于传统交易方式只涉及买卖双方，电子商务交易过程中有卖家、买家、电商平台、物流等多方参与，所产生的流通数据也数量庞大且复杂。

（三）时效性

与其他各类行业数据一样，电商贸易中的数据讲究时效，不同时间段内数据的价值也不一样。电商数据时效性追求的是数据更新速度，数据仅在一定时间段内对决策具有价值，超过一定时间，便会成为无效、废弃的数据，失去分析意义。分析与处理电子商务流通过程中的数据，如果忽视数据时效性，将会在很大程度上制约着商业决策的客观效果。

三、大数据在电商退货物流控制中的应用流程设计

根据电商退货订单中的可得数据，结合大数据的四步基本处理流程，研究电商退货物流产生的原因。

（一）数据收集

利用数据库来接收发自电子商务平台客户端的退货数据，包括结构型、半结构型和非结构型数据。但是由于电商平台网站的并发访问量较高，所以，在收集端必须部署大量数据库才能支撑数据收集工作。另外，数据类型和指标的选择也会影响数据分析结果的正确性。因此，收集准确、及时、完整的数据有利于后续大数据处理流程的顺利开展。引起退货物流发生的原因常常来自恶意营销、物流损毁以及冲动购买等，因此，本节主要围绕电子商务平台、商家、电商物流以及最终用户来收集数据。

（二）数据处理

由于采集的退货数据来自多个异种数据源，数据收集过程可能会有噪声、缺失值和不一致的数据，而低质量的数据将会导致低质量的挖掘结果，使得数据分析失去意义，因此，要对收集的数据进行处理加工，整理成适合分析的数据结构。其中包括数据清理、数据集成、数据归约和数据变换。传统背景下数据处理更多的是对数据库的清洗，比如"mysql、oracle"之类的数据，这些数据维度少、模式固定。但是在大数据背景下，由于数据来源广泛、结构多样以及数据量大，数据处理更倾向于对数据仓库的清洗。

（三）数据分析

数据处理之后，接下来可通过绘制图表、计算某些特征量等手段进行数据的特征分析。通过对退货数据的分析，辨别消费者、商家、物流、电商平台当中哪个是引起退货的主要原因。主要利用分布式数据库，或者分布式计算集群来对存储于其内的海量数据进行普通的分析和分类汇总等，以满足大多数常见的分析需求。包括分布分析、对比分析、统计量分析、周期性分析以及相关性分析。

通过聚类发现退货数据分布的特点及原因，比如，按照某个维度进行聚类并分析聚类结果；通过决策树分析退货产生的原因，依据消费者的退货理由，进行逐层分析；通过关联规则，发现某一组数据中不同维度的相关性，从而推测退货原因，比如，分析商品退货率与商品质量之间的相关程度，推测商品质量是不是引起某些退货产生的原因。分析的过程可以看出数据的分布特征、数据关联性，以此来判断数据之间的相互关系，推断出电商退货原因。

（四）数据解释

数据解释利用最佳的可视化组合、收集、提取并探索数据。从对消费者、商家、物流、电商平台的分析中得出结论，并通过数据可视化技术、人机交互技术进一步体现出来。数据解释将引起退货物流的原因归纳为：购买行为冲动、消费者与商家之间信息不对称、商品本身问题、电商物流问题以及网络欺诈。通过移动终端将数据解释的结果呈现给电子商务平台管理者及使用者，总结退货物流产生的原因并采取矫正措施，为买卖双方提供一个更加高效、便捷、安全的网络交易环境的同时，也降低了退货物流带来的买卖双方成本。

随着消费者不断追求更高的客户体验，电子商务的流通运营模式必须不断优化，以弥补线上交易的漏洞和不足。而退货物流的不断增加，必将引起企业和用户的共同关注。从寻求电商退货原因的角度，借助数据分析来加强对电商退货物流的控制，减少退货物流成本，不仅能够减轻快递业的负担，也能够提高多方企业的效率。

第三节　大数据的电商活动页面设计

在互联网时代，大数据意识正在电商行业中普及，97.9% 的电商企业认为大数据有利于电商行业的健康发展，但有超过半数的被调查企业认为自身电商数据分析能力欠缺。2016 年，电商数据显示，93% 的消费者认为页面的视觉效果是影响他们决定是否购买产品的主要因素。42% 的消费者会根据页面设计效果来判断对该产品的印象，如果不喜欢页面的设计风格，有 52% 的消费者会放弃访问，之后也不会再继续访问。互联网时代的电商行业正朝着个性化的方向发展，故电商行业要改变以往商家做主、疯狂砸钱去做引流的广告设计的理念，重视用户体验，做到精准投放，打造用户满意、舒心的购物环境。

一、活动页面设计现状分析

随着电商行业的迅速发展，大批设计师涌入电商行业，很多服务于店铺的电商设计师都是非专业的，他们常用的方法就是套用模板，拼素材，设计师普遍缺乏品牌意识。服务于平台的设计师虽然有一定的设计能力，但不懂用户心理，更不会运用大数据分析策略，设计出的页面千篇一律，很容易让用户产生审美疲劳，也很难让商家脱颖而出，即便用户进入页面，也会由于用户体验不佳而失去购物兴趣，导致转化率降低。

据统计，现有的电商活动页面设计中存在以下几方面的问题：页面框架缺乏逻辑性和统一性，不重视页面的品质、腔调、气质，缺乏差异化设计，页面色彩搭配不合理，这些都降低了页面的档次。推广的产品缺乏重点，导航分类不清晰，页面操作体验感差，在文案设计上，文案多而乱，很难让用户在第一时间判断出产品的利益点，这些现象在很大程度上影响了用户决策，最终影响了销量。

在电子商务蓬勃发展的背景下，与之不相适应的是低效的页面设计阻碍电商行业在竞争中成长，提升用户体验成为电商行业发展的关键。在大数据的基础上提出基于用户体验的电商页面设计策略具有非常广泛和重要的社会意义。

二、活动页面设计策略

电商大型活动页面设计的工作流程包括前期策划、页面设计和后期优化三个阶段，在前期策划阶段主要围绕活动主题，根据产品人群的特点分析确定活动的利益点，收集产品相关素材，最后确定页面的整体风格等。电商页面设计师的设计决策要建立于数据之上，要学会利用数据来改善设计，取悦用户。比如页面设计得是否成功，主要看用户在活动页面中的停留时间。还可以通过大数据查看店铺的流量和转化率，分析用户的满意度，这些数据是做好活动页面的重要指标。

（一）构建用户画像、分析用户偏好

在前期策划阶段，首先要对产品的消费人群进行分析，如对客户访问时段分布、地域分布、特征分布、行为分布和访问对比进行分析，从而确定目标人群。分析用户最好的办法就是建立用户画像，它是目前产品设计中最重要的设计工具，依靠用户数据创建用户画像在大数据时代已经越来越受到重视。有了用户画像，才能给目标用户提供个性化的服务，进而有效地提升用户体验。

用户画像主要依赖用户的动态数据，用户的动态数据就是用户的行为信息，如搜索、浏览、收藏、加入购物车、购买、使用优惠券、评论和退货等操作。这些用户行为是用户动态信息的唯一数据来源。

对于电商设计来说，用户画像的目标是通过分析用户行为，确定用户的偏好，并用表格方式为每个用户的偏好打上标签，以及确定该标签的权重。如连衣裙1.0，裤子0.5等。标签表示用户感兴趣或有需求的产品，权重表示了用户对该产品的兴趣和偏好程度。通过大数据分析，可以更详细地刻画用户画像，从而做到精准投放。

（二）产品和文案设计

通过大数据对同类店铺的引流最高的店铺进行分析，判断哪些产品属于热卖产品，

并借鉴产品的搜索关键词。比如对于连衣裙，可以根据大数据中的搜索人气、点击率、成交指数和转化率等数据，确定到底选择连衣裙长袖、连衣裙小清新、连衣裙 2016 新款、连衣裙女等哪些关键词。

电商界面的文案表达直接关系到页面的利益点，研究发现，互联网上 60% 的文字信息用户是不会去阅读的，所以文案是否简单明了，直接影响用户的决策时间。满屏的文字信息，"霸王硬上弓"式的信息传播方式，已经很难和用户产生共鸣了。可以根据用户画像，结合用户的偏好，从用户的情感倾向出发，唤起和激起用户的情感需求，产生情感共鸣。

人性的特征包括善恶两个方面，人性的恶包括傲慢、妒忌、暴怒、懒惰、贪婪、饕餮和色欲等；人性的善包括母爱、爱国、同情心、感恩和认同感。

比如一些大牌想展现高端风格页面的时候，可以选择使用"独一无二""限量版"或者"VIP 专享"等文案，展现用户以自我为中心、追求与众不同、享受高高在上的感觉。

在父亲节、母亲节、教师节等节日可以利用人的感恩心理，通过页面渲染来激发用户的购买欲望。电商设计师可以综合运用人性的善恶特征文案，以增加用户的接受程度，提升用户体验，从而增强购物的兴趣，提高对企业或产品的关注度。

（三）页面设计

电商页面作为电商的门面，最直观、最快捷地影响着电商的用户体验。在页面设计时要改变用直觉指导设计的方式，要利用大数据指导设计。

1. 以用户体验为中心制定页面框架

人们缺少耐心，在页面上不会停留太久，所以要尽可能地让用户在短时间内扫描完整个页面，并且能明白页面的卖点。用户体验的整个开发流程，都是为了确保用户在页面上的所有体验不会发生在活动策划之外，所以要考虑用户有可能采取的每一个行为，根据这些行为习惯去规划页面框架。

前期策划阶段，要确定页面的风格、色彩和框架结构，确定活动页面中的店招、导航、首焦、促销专区、产品分类、新品和推荐等主要模块的位置，让页面尽可能符合用户视觉扫描的习惯，才能让用户在最短的时间内获取主要的信息。

常见的页面布局有几何形状分割布局、主体轮廓布局、流程图布局和整体场景布局等。使用简单的三角形、方形或圆形等几何形状对页面进行分割，这类构图方式对内容没有过多要求，是现在活动页面用得最多、最普遍的一种构图方式。主体轮廓布局一般是利用一个与主题元素相关的素材外轮廓作为页面的主体轮廓，如圣诞节主题的活动页面，可以使用圣诞树元素作为页面主体轮廓，将活动页面的内容巧妙地填充进去。主体不需要太具象，要舍弃一些烦琐元素，以免影响用户阅读内容。这种处理方式能够让用户一眼就了解到活动信息，也增强了设计感。流程图布局的方式可以向用户直观地展示活动的各个节点及整体流向，用户浏览简单明了。

整体场景布局一般使用插画方式制作场景，场景中可以搭配动画，创造出浸入式的体验。在场景中，可以放置多个有代表性的产品，这种方式能增加代入感，带动用户情绪，不仅弱化了广告的意图，还能提高用户对产品的接受程度。不过需要注意的是，场景搭建对素材的要求比较高、明暗、阴影、透视、层次感以及体积都需要用心处理，还要注意场景不能抢了内容的视觉焦点，把干扰信息传达的元素尽可能简化或删除，让产品和主要信息更加清晰明确。

在页面设计越来越注重个性、趣味性以及视觉感受力的今天，活动页面的构图千变万化，以上的页面布局方法可以搭配使用，要强调页面的统一性和逻辑性，还要注意视觉导向的作用。

电商页面色彩设计要符合活动主题和产品特性，同时兼顾用户画像中的色彩喜好，选用合适的主色调与活动主题相适应，突出整个活动页面的氛围。页面中主要的颜色最好不要超过三种，可以选择产品颜色作为整体画面的主色调。价格和按钮可使用页面的主色调，抢购按钮可以使用幽灵按钮，鼠标移上去才变实心色块，避免太多重色扰乱页面核心产品图。页面的极简设计风格已是大势所趋。

2. 构建内容电商模块

传统电商中人们都是通过比价或者根据对各个页面的好感程度进行下单。现在越来越多的人在看直播或看帖子的过程中产生了购买行为，这就是内容电商。内容电商更多是通过让消费者在欣赏内容的情况下，不知不觉地接受商品，并产生购买行为。内容电商的核心是人为创造沉浸式、冲动式、隔离式、单独评估的消费场景，在这种场景下诱导消费者进行消费。

研究发现，96%的消费者认为视频更容易让他们做出购买决定。另外93%的线上消费者表示，视频让比价、比货更方便。电商网站将产品图片转换成视频之后，客户转化率提升了12.62%。而且，58%的消费者认为，制作视频的电商企业更值得信赖。这些数据表明，在活动页面中加入视频会获得巨大优势。所以，在不影响活动页面模块的情况下，可以考虑增加内容电商模块。如插入高清高适配的视频或者直播等内容，塑造沉浸式场景，视频内容展示过程中，都是单独评估的过程，购物入口在视频结束后透出，及时响应人们的购买需求。

3.页面导航设计

导航能帮助用户明确当前所在的页面位置，并快捷返回之前的页面。导航是最能增强用户体验的一个细节。导航在命名方式上最好采用两个字，短小精悍，排列整齐。页面中的每个产品都要有属于它的唯一导航，在用词方面要尽量避免歧义，这样能减少用户在购物时产生的疑问，让用户在第一时间做出反应。

导航在设计上不应该抓住用户的注意力，只要低调地扮演协助主导航的角色，让用户在购物时完全不受到它的干扰。在导航的编排上，导航关键词用加粗格式予以展现，能使用户十分清楚地进入自己的目标页面，从而增强了导航的可用性。

（四）页面后期优化设计

在消费者越来越讲究用户体验，商家越来越看重差异化的时代，要重视与客户的感情培养，让客户产生信任感和依赖感，不断地从同行中汲取各种经验，进行页面的优化设计，以适应当下的用户需求。

在页面上线之后，设计师还要多看数据、多做总结。通过查看页面在不同日期的访问量，确定各个页面的冷热度，验证用户是否按照既定的店内路径进行流转，从而判断是否需要调整访问路径。根据活动页面的转化率数据，分析每个页面细节中存在的问题与不足，找出需要优化的地方，比如调整素材、调整产品位置等。优化后的页面会更人性化，用户会更加忠于这个店铺，同时对页面的瑕疵也会有更高包容度。

未来，电商行业只有运用大数据技术和云计算技术才能让营销定位更精准，促进电商产业的转型升级。电商页面设计中前期策划、页面设计和后期优化阶段，充分运用大数据的分析，提升文案、页面设计效果，将颠覆传统的电商设计行业，会让企业在众多的电商企业中脱颖而出，不仅可以提高电商企业的品牌形象，还可以给用户带来更佳的购物体验，激发用户购买欲望，降低页面的跳失率，从而提高转化率，给电商企业带来巨大的经济效益。

第四节　大数据的电商企业核心竞争力

大数据的含义是指数量庞大的信息数据，大数据分为很多种，数据的发展延伸方向具有一定的广泛性，它的发展历史悠久，在发展过程中提升了企业的经济管理水平，在新的网络信息时代迎来了发展的巅峰，电商企业在大数据时代获得了很好的发展契机，同时也为社会创造了很大的经济利益。

一、电商企业存在的价值和独特优势

（一）电商企业存在的价值

目前社会对电商企业有多种定义，电商企业的含义也没有很好地统一，对于电商企业的工作概念而言，没有明确的解释，解释范围也分为狭义和广义两种情况。广义上电商企业为消费者提供支付契机，在工作过程中建立营销传媒等工作手段，以崭新的工作方式，构建网络载体。电商企业根据工作性质可以被理解为网络电子商城，借助网站工作平台实现信息流、物流和经济流等多种网络工作模式，实现商品的销售以及资金的回流。

（二）电商企业的独特优势

电商企业在发展过程具有独特的工作特点，为的是更好地适应市场经济环境，在发展过程中得到快速成长，保证独有的发展优势。电商企业具有一下两种独特优势：

一是企业工作成本控制，电商企业实现了生产厂家和客户直接进行交易的工作环节，其间，没有中间商赚差价，消费者拿到了性价比更高的商品。在这一交易环节中，企业和消费者间在两点一线间进行合作，这在很大程度上减少了物流运输成本，提高了企业的利润空间，保证企业在市场经济中的竞争优势。电商企业具有以下两点独特优势：

二是交易成功率高，交易途径广泛。大数据的网络信息工作环境为电商企业提供了更加广泛的交易空间，在交易过程中利用信息资源的共享性提升商品交易的成功率，帮助电力企业获得更大的利益。电商企业的交易效率高，是因为大数据时代背景下的自由化、虚拟化的工作平台，这些工作平台就促成了交易的成功率，保证了电商企业的核心竞争力。另外电商企业在交易过程中，企业的核心竞争力得到很好的工作保障，更公平的交易方式也为电商企业带来了更好的发展契机。

二、提升电商企业核心竞争力的重要方式

在大数据的时代背景下，提升电商企业的核心竞争力十分重要，这就需要电商企业在工作过程中建立合适的工作发展平台，提升企业核心竞争力，从商品品质和服务水平等几个方面进行提升，保证企业在市场经济环境下的主导竞争地位。

（一）提升大数据的信息综合利用率

大数据是网络信息时代的科技产物，在工作管理过程中，它展现出了独特的科技魅力以及工作灵活性，可以在工作过程中存储更多的信息。消费者消费信息、消费情况，根据这些信息数据，使电商企业就能很好地提升交易成功率，让电商企业在复杂的竞争

环境下得到发展。

在大数据的信息环境背景下，电商企业面对同行的竞争压力，想要让电商企业在竞争中脱颖而出，就不仅需要保证产品的质量，还要将电商企业的核心管理工作进行落实，通过对相关的工作数据进行分析得到工作结论。不同电商企业对大数据信息技术的应用水平不同，将网络信息更好地利用可以提升电商企业产品在网站中被搜索的概率，提升企业知名度的同时，创造新的产品销售纪录，以及更多的销售利益。

（二）电商物流一体化的工作管理方式

现代电商企业的发展离不开物流，物流也是电商企业完成交易维护客户的关键，因此，在交易运作过程中就需要对电商企业的核心竞争力进行分析，保证电子商务和物流一体化的运作效果。电商和物流的合作会在未来的工作中成为必然，因此，在竞争合作工作管理过程中，企业必须对相应的工作发展机制进行创新，提升企业的物流配送效率，确立独特的商品流通方式。

在企业经营管理过程中，降低商品的流动成本，降低货损情况出现的概率。合理的物流运营渠道可以保证企业进行商品交易时的时效性和可控性，但是需要企业建立自己独有的信息管理平台，对物流配送的"最后一公里"进行研究，解决企业在工作过程中因信息不对称或数据不及时造成的销售损失。这就需要建立有效的物流配送管理机制，帮助电商企业完善未来的物流供应链。

大数据时代下的电商企业迎来了很好的发展契机，在经营发展过程中企业逐渐壮大，也引入了新的信息管理平台技术，拓展经营管理工作过程中的工作影响力。本节对提升电商企业的核心竞争力进行研究，对电商领域进行了一定的解析。综上所述，电商企业在好的发展环境下面对更大的竞争压力，电商企业需要在完成交易后，深入分析客户的需求，从而更好地为客户服务。电商企业在大数据时代的发展状况下，会拥有更高的市场经济地位。

第五节　大数据的线上线下电商用户数据挖掘

当前的社会发展背景下，电子商务的发展进程处于逐年加快的趋势，它的实际应用价值逐步得以凸显，特别是企业内部数据和社交网络之下的数据交接，也使电子商务的发展体现出爆炸式的发展态势，这就使用户数据管理工作的落实极具难度。特别是大数据时代来临之后，电子商务的发展也体现出了一定的多元化特征，想要良好地应对这一大数据的发展形式，并获取更为精准的用户数据，就要强化自身的数据挖掘能力，这也是大数据发展背景下的重点和难点问题。笔者基于这一发展形势，实现线上线下的电商用户数据挖掘，以下为主要内容。

一、对大数据发展背景下的线上线下用户数据挖掘方式的分析

（一）分析数据挖掘过程

线上线下（O2O）用户数据挖掘过程中体现了一定的自动化特征，特别是在进行数据收集环节，很多时候会缺乏最终的目标，仅诸多的数据收集为主，从中获取更多的数据信息，在此过程中，只需要对大数据信息实施相应的预处理，而后再应用适宜的计算手段，对大数据内容进行解析。

实际的大数据挖掘过程中，应当事先解决这一重点问题，就是辨别用户群体的特征，而后对其用户的个人特点进行分析，以此为基础，获取所需的数据信息，体现用户数据挖掘的商业价值。

笔者对数据收集方式进行了相应的分析，O2O平台所收集的用户数据不仅包括平台交易数据，同时还涵盖了设备终端和社交网络等，这些用户数据的收集过程中体现出了一定的流动性；同时，这些数据和信息在流动中也实现着交叉和融合。此时，就可以结合数据交易和互动的具体情况，将数据处理分为三个部分，分别为数据抽取、数据准备以及数据的转化。这些环节的数据处理质量，可以直接对后期的数据挖掘效率产生极大的影响，甚至可以决定数据挖掘工作的成功或失败。

对用户的原始数据进行分析，其中含有诸多的噪声数据和冗余信息等，所以，在处理这些数据信息的过程中，需要对其进行清晰化，相应地提高数据提取质量。应用半结构或是结构数据处理方式，对冗余数据进行自动过滤，提取其中的重点和关键数据内容，提高数据的关联性，凸显数据的实际特性，促使数据实现有机的统一，构成新的数据系统。

数据的应用和挖掘过程中，一般会结合商家的实际需要，而后择选最为合适的模型系统，实施针对性的数据挖掘工作，在此过程中，还需要对这些数据信息进行更新，参照商家的实际需要，总结数据挖掘的模型。笔者对主要的、常用的数据挖掘模型进行了分析，比如，其中的聚类分析、关联分析和类型分析等，这些数据模型都需要用户的兴趣、性别以及年龄等信息。数据挖掘之后，还会应用到大数据可视化的计算和分析之中，体现出它的实际应用优势和价值。

（二）对于数据挖掘方式的分析

在对数据进行挖掘的过程中，通过数据信息，可以使商家对自身未来的发展趋势予

以明确，而后借助相关的数据分析软件，分析数据变化图，做出精准化的决策和方案。此后，还可对用户的相关数据进行深度挖掘，对用户的行为规律进行总结和归纳。

其中的聚类分析就是将数据所体现的共同点进行分析，对数据进行分类，例如，可以从用户购买力、用户属性以及满意度等层面进行分析，发掘出不同客户群体，而后对其社会属性和社会关系予以定位，逐步再对用户之中潜在的资源予以发掘，促使用户所体现的关系网更具关联性，利于后期的客户源拓展。

二、在大数据背景下的用户数据挖掘后的利用途径

（一）对用户进行精准化的定位

在 O2O 的发展模式中，可以对用户的相关数据信息进行深度挖掘，结合市场的运作需要，对用户人群实施精准的定位，择选最为适宜的、极具针对性的用户营销方案。而后应用数据加工及处理等，明确用户群体的消费水平和购买习惯，逐步总结用户的消费行为，以此为基础，对用户的实际消费能力进行推断，这样可以结合用户的购买水平，制订最具针对性的营销方案，间接地降低了商家的运营成本。运用数据挖掘的方式，可以对用户之间的价值高低进行区别，基于最终的成本控制情况，对营销策略进行改变，最终极大地提高商家的经济收益。

（二）对网络平台不断地优化

电商营销的过程中，网站平台的页面设置是极为重要的。用户最近浏览的平台或是用户登录、访问情况等内容，都会渗透给相关的网站平台，为其提供参考。

电商网站可对用户下单习惯以及访问情况进行分析，而后对这些数据进行深度挖掘和分析，然后通过分析结果对网站中的内容和结构进行更改，例如，用户交易量和点击率高的产品，可以放置在显著位置用来吸引用户。与此同时，还要针对用户的期望值和有关网页进行链接，这样就可以节省客户的时间，提高客户的下单率。

综上所述，在当前大数据发展背景下，电商实现了高速的发展，O2O 电子商务发展理念也逐步转变为用户的满意度至上，所以，要想提高商家的经济收益，就要通过数据挖掘，掌握用户对产品的应用需求，获取最为精准化的数据信息，以此为基础，促进我国电商事业的发展和进步。希望笔者的分析给相关电商运营人员带来一定的启迪和参考。

第六节　供应链网络信息的大数据精准营销与电商领域

"大数据"在 1980 年由托夫勒在《第三次浪潮》中提出，大数据是指大小超出了典型数据库软件的采集、储存、管理和分析等能力的数据集。李国杰院士指出大数据是实施"创新驱动发展"战略的重要机遇，我国以"BAT"为代表的网络服务公司已具有与国际上大公司竞争的经济实力和技术基础，依靠物质资源发展经济的路径已难以持续，大数据是贯彻"创新驱动发展"战略的重要资源。大数据具有较高使用价值，各产业都可通过对大数据的深度挖掘及整合充分利用大数据价值，提升产业化的供应链网络信息的价值。

一、大数据精准营销

（一）精准营销的概念

美国学者 Jeff Cabin 和 Fresh Bachelor 提出精准营销是为了提高和促进营销业绩的达成，向目标顾客提供服务或者信息影响其购买意向和决策的过程。将渠道、时间、目标顾客和信息这四要素充分结合，即 4R 法则。精准营销是在精准定位的基础上，建立顾客个性化的沟通服务体系，实现低成本战略。虽然目前还没有一套成熟完整的关于精准营销的体系，但是能够达成共识的是精准营销可依赖大数据，对顾客需求及消费偏好进行标签分类，精准地划分顾客群体然后再准确地进行营销，以达到低投入、高产出的营销目标。

（二）精准营销的价值

精准营销对于供应链网络成员有巨大的价值。对消费者而言，精准营销是一种个性化的营销方式，提升了消费者的时间效率。传统的营销方式不能精准触达消费者，因此，消费者进行购买行为的时间轴就会被拉长，而且在购买决定中犹豫不决。基于精准营销，企业可精准地把消费者所需商品推送到消费者面前，节约消费者搜索目标商品的时间和精力。对于企业而言，营销业绩和投资回报率会有所提高，因为精准营销剔除了中间各种烦琐环节，精准地触达消费者，可降低整体顾客成本，从而降低了商品成本，提升了整条供应链收益。

二、基于供应链网络信息的电商精准营销模型和策略

（一）供应链网络与精准营销

电子商务的终极价值是优化产业和供应链，电商企业作为供应链网络中的重要中间节点连接上下游企业，电商企业能够有效地整合商流、物流、资金流和信息流，协同整个供应链网络的数据，进行深度挖掘和整合，尤其针对供应链网络中的终端客户，有效互动，实现准确细分和定位。精准营销的成功实施，需要与下游企业交互信息资源，同时也需要与上游企业协作整合资源，满足客户需求。

（二）基于大数据的精准营销模型

基于大数据的精准营销模型是指对大数据进行收集、处理及应用，然后输出相对应的精准营销方案，再反馈到前端的供应网络，协同完成产品和服务，再推向客户，是一个基于供应链网络的不断整合资源的复杂过程。相对应的营销方案依托大数据，因此准确度会更高，更能准确触达目标顾客。在基于大数据的精准营销模型中，底层是大数据的收集，数据包括日志信息、论坛信息、微博信息、社会网络信息和交易信息等，数据来源于公司内部或者外部。然后将收集来的大数据放入网络营销模型中，用算法库的方法归类，再用大数据计算方式计算，以并行计算框架计算分析数据，最后将大数据中提取的信息运用到网络营销中，可输出相对应的大数据网络营销模式，如关联规则挖掘营销、商品地理营销、社会网络营销、用户行为分析营销、个性化推荐营销、基于现代通信工具的大数据分析营销等。

（三）基于大数据的精准营销策略

电商企业基于大数据的精准营销方式中，主要使用了搜索引擎、个性化推荐引擎、短信或电子邮件营销策略等。

1. 搜索引擎

搜索引擎在流量导入方面扮演着重要的角色，对电商企业来说，搜索引擎营销（SEM）和搜索引擎优化（SEO）是常用的精准营销策略。阿里系电商在 SEM 方面投入很大，采取搜索引擎中的竞价排名，按点击付费方式，导入大量客流。例如，在搜索引擎百度中搜索"连衣裙"等畅销品关键词时，可以看到天猫或淘宝排在前列。因为阿里购买了畅销品或品牌的关键词，所以可以看到淘宝或天猫的关键词大多出现在 SEO 前列，通过这样的引导，当想到要购买某个商品时就会自然而然地想到要用淘宝或天猫。淘宝和天猫的 SEO 站内网站也在不断优化中，站内分类更加科学、合理且明确，利于

用户从浏览转化为购买。首先连衣裙作为主要关键字出现在天猫主页面关键字中，当消费者顺着引导点击连衣裙时，可根据品牌袖长、裙型、领型、服装款式细节、年份季节、尺码等迅速定位自己所需产品，为消费者节省了时间和精力，同时也增加了用户体验。

2. 个性化推荐引擎

相比于搜索引擎，电商平台的站内个性化推荐能主动出击触达用户，提高用户的转化率。个性化推荐引擎是基于用户画像和商品画像结合而进行的。首先进行数据收集和储存，数据可以是离线或者实时数据，可来自消费者、供应链网络中的合作伙伴或企业内部。接下来是对数据进行离线在线分析，主要包括数据的清洗和建模。数据清洗就是过滤掉残缺、重复、不一致的数据，比如点击作弊、交易作弊、评价作弊等，数据清洗后，对数据进行建模，就是将用户画像和商品画像进行精准关联。最后根据在线推荐系统输出精准推送，例如在淘宝或天猫中，经常可以看到一些个性化推荐，例如"猜你喜欢""看了又看""掌柜热卖""最佳组合""您可能还需要""购买了该商品的用户还购买了"等定制化的推送，引导用户购买和再次购买。

3. 短信或电子邮件营销

电商企业还经常会通过智能系统给用户发送购买建议。这些建议主要是通过邮件、短信、微信推送、优惠券发放等方式进行。电商企业会根据用户画像的标签去给用户进行分类，进而针对不同类型的用户发送个性化短信或邮件。值得指出的是，短信或电子邮件营销转换率都偏低，但是随着用户画像越来越精准后，精准营销可以将转换率提高40%。精准化的短信或电子邮件营销方式不仅提高用户转换率，还给用户很贴心及时的用户体验。

（四）大数据背景下电商精准营销的现状和问题

1. 现状

艾瑞数据显示，2016 年中国的电子商务市场交易规模达到 20.2 万亿元，增长23.6%，其中网络购物占比为 23.3%。在 B2B 电商领域，2016 年中国中小企业 B2B 平台服务营收规模超 230 亿元，同比增长 17%。可见未来我国电子商务领域依然会保持增长趋势。电商企业近年的高速发展离不开大数据，现在电子商务已经进入了大数据的电子商务阶段。

在大数据背景下，基于供应链网络信息挖掘的电商企业针对目标客户群进行精准营销可以实现以下目标：①提升电子商务广告精准度。精准营销利用信息技术，对数据进行收集和分析，通过细分市场，对细分后的市场和消费者的需求和购物行为特征进行分析和定位，确定供应链网络目标消费群，接着对其采取有针对性的产品和服务信息宣传。

这可大大提升消费者的购买率，从而降低广告成本，大幅提高了广告的精准度。②减少交易成本和提高交易效率。精准营销可以省去中间烦琐的传导环节，避免信息在传递的过程中失真，直接一对一把产品和服务信息准确无误地传递给消费者。③提升消费者让渡价值。当电商企业进行差异化的精准营销服务时，可以增加消费者的满意程度，从而增加得到的总价值。④精准营销还能提高广告的有效性以及减少营销渠道，对于企业来说降低销售成本，对于消费者来说可能以更低的价格购买所需产品或服务。

2. 问题

（1）中小型电商企业大数据平台存在的问题。有些中小型电商企业还没有开启大数据电商模式，其中一些企业只是创建了网站，但是几乎没有在网站上更新商品信息或者更新迭代速度太慢，无法满足消费者的需求。首先是这些中小型电商企业的数据采集有局限性，掌握的数据资源比较少，即使累积了一些数据资源，但是这些数据是分散的、无规律的、割裂的、静态的。其次，中小型电商企业在数据碎片整合上也面临困境，受限于专业知识和技术，缺少数据整合能力，无法将海量的数据从各个区域、数据库中整合，而且在对数据的处理上只是运用了简单的数据处理方法分析，不能勾勒出用户精准画像，从而无法实施精准营销。大部分中小型电商企业的大数据平台还是不完善的，有的甚至根本未建立大数据平台，供应链网络成员间信息分享水平较低，这不利于企业大数据时代下的可持续性发展。

（2）数据运算结果和消费者需求之间存在差距。理性的数据计算不能确保精准地预测出消费者的购买心理。例如，大数据判断某个消费者是对价格敏感的人，企业根据这个判断进行降价营销，结果确实也引发了消费者的购买行为。但是也可能消费者对价格敏感是大数据培养出来的，而不是消费者自身的主动行为，到底是企业引导消费者还是企业找对了消费者需求，我们不能完全确定。因此，数据算法勾勒出来的消费者人物画像和消费者真实形象是存在差距的，甚至完全相反，因为消费者是善变的，这种变化对于电商企业来说比较难以及时捕捉并且很难通过算法计算出来。

（3）个人隐私和数据安全问题。在大数据时代，用户的一举一动都会被记录，在线上交易、线上支付、社交互动、移动终端、物流配送等各个环节都会留下痕迹，可以说用户在获得所需产品或者服务的同时，也暴露了自己的数据。企业在利用这些大数据时常会侵犯用户的个人隐私以及在隐私保密性上做得不到位。此外，数据的安全性也令人担忧，企业在对用户数据的管理方面存在漏洞，近年就发生了多起大数据泄露事件，2016 年 5 月 LinkedIn 超 1.67 亿个用户账号在黑市被公开销售，同年同月一名俄罗斯黑客窃取 2.723 亿电子邮件并将这些数据以每个不到 1 美元的价格在黑市里出售，其中还包括数千万个雅虎邮箱、微软邮箱和谷歌邮箱。

（五）解决对策

1. 基于供应链网络搭建完善的大数据平台

一个大数据平台是所有电商开展大数据精准营销的基础，大数据的平台价值体现在各个方面。但是，对于规模较小的电商平台如聚美优品、唯品会、考拉海淘、敦煌网等，他们的大数据平台，不够完善或者甚至未建立自己的大数据平台，但是为了满足不断发展的需求和更精准化地挖掘消费者需求，建立大数据平台还是很有必要的，这是中小型电商企业战略发展的一个方向，大数据平台的构建可以参考和借鉴电商巨头企业阿里的模式。

阿里通过创办阿里妈妈——大数据营销平台，将所有阿里系的数据存储在阿里妈妈的数据银行里，基于阿里妈妈的数据银行，再输出各种品牌营销解决方案产品，从而实现品牌大数据下的精准营销。

阿里妈妈作为阿里系的大数据营销平台，其数据的能力是进行精准营销的原动力，其技术的能力是驱动力，其媒体的能力是张力。

数据层面上，阿里妈妈搭建了一个数据银行，连接人的数据和广告数据。首先，人的交易、金融、出行、娱乐和社交等环节产生了一系列可辨识、可分析、可触达的 UniID（真人数据），从而勾勒出清晰的用户画像，这些真人数据有利于企业做出判断和决策。其次，经过多年广告沉淀，阿里拥有海量广告营销数据，这些信息是品牌建立的基础。阿里妈妈通过整合人的数据和广告数据，进行分离、发掘、洞察和再利用，反哺人的数据，让用户人物画像更加精准，提高广告业务，实现大数据下的精准营销。

技术层面，阿里妈妈不断地与用户交互，使得机器学习和算法达到精准，更能够精准地进行营销。媒体层面，阿里妈妈依托阿里巴巴集团控股有限公司的全方面资源，能够整合电商媒体、社交媒体、视频媒体、搜索类媒体和信息流媒体等。基于这三大核心能力，阿里妈妈推出了品牌营销解决方案产品和营销平台，如新霸屏、会员权益、新雷达、UniDesk 等。

综上所述，阿里通过整合所有阿里系的数据资源，传送到阿里妈妈的数据银行。基于阿里妈妈强大的数据银行，向商家提供全链路的营销方案和消费者个人数据等，使得商品不再以单品的形式输出，而是以成熟、完整的商品形式输出，更重要的是能更精准地输出，把数据、商品和流量升级为内容，再转化成商业机会，赋能更多的品牌进行大数据精准营销。阿里的数据银行不仅服务于各大品牌或企业，也服务于自己，其他中小型电商企业可以模仿和借鉴阿里的大数据平台构建模式，打造属于自己的大数据平台，赋能入驻品牌和企业实行精准化营销，从而保证可持续性发展。

2. 用户画像的精准化和及时更新

消费者的善变性和算法的迟钝性使得电商企业无法真正地满足消费者的需求，因此，电商企业需要充分结合数据追踪和数据挖掘技术与企业的营销洞察力，精准化用户画像并且精准化算法，及时更新消费者的用户画像，以确保营销方案能满足消费者现在的需求。

用户画像就是对用户进行标签化从而把数据转化成用户属性的过程。用户画像是由各维度的数据勾勒而出，数据包括姓名、照片、年龄、家庭情况、收入、工作、喜好等元素。根据元素的性质，用户画像数据可分为以下三类：基本人口属性数据、行为偏好数据和购买数据。人口属性数据包括社会属性和自然属性，如岁数、性别、工作等。行为偏好数据主要是通过收集消费者在购买商品时的浏览情况得出，包括关注领域等。购买数据包括购买的产品、价格、退货率、评价等。一个用户画像可能有 3000 个标签才能形象勾画出，并且标签的比重会有不同，甚至标签会随着消费者的需求而改变，因此，不断收集和更新用户数据对于人物画像勾勒以及后面的精准营销具有重大作用。企业应该根据全面的数据去分析用户是不是一个对价格敏感的人，如用户的经济状况是什么水平、用户的浏览行为是否关注价格、用户购买的商品层次等，而不是只凭单个优惠营销方案诱发了用户的购买行为从而认定用户对价格敏感。用户画像是需要全方面定位和计算的，只有精准化用户画像，才能更好地结合用户画像和商品画像，从而实现精准化营销，消除数据运算结果和消费者存在的差距。

3. 加强用户隐私数据的安全防范工作

首先，企业应该改进算法，提高大数据环境下用户隐私数据的安全性。针对上述问题，电商企业可采取基于混沌自逆矩阵用户隐私数据加密算法，在不改变原始数据的情况下，通过对用户隐私数据结构的改变，搭建自逆矩阵建立初始密钥，再根据初始密钥置乱数据维度，构建置乱矩阵，以不规则扩散形成隐私数据最终密钥。其次，有效掌握系统内核环境，注意移动智能终端 APP 用户隐私数据的防范。相关审批或者安全部门应该充分审查各类移动终端智能系统中的 API 接口功能，对系统内核代码及功能模块所描述功能和实际功能要尽可能的一一验证。掌握移动端智能系统的核心技术才能把握互联网产业的命脉，加大自主研发和商业推广力度，从硬件方面保证用户的信息安全。此外，政府相关管理部门应积极完善相关法律以及制定互联网个人隐私管理政策以保护用户隐私安全，为用户隐私安全构建更为良好的环境。

参考文献

[1] 褚福灵.管理通论 [M].北京：经济科学出版社，2004.

[2] 姜红波.电子商务概论 [M].北京：清华大学出版社，2009.

[3] 王学东.企业电子商务管理 [M].北京：高等教育出版社，2002.

[4] 吴清烈.电子商务管理 [M].北京：机械工业出版社，2009.

[5] 李海刚.电子商务管理 [M].上海：上海交通大学出版社，2009.

[6] 特伯恩等.电子商务：管理新视角（第 2 版）[M].王理平等，译.北京：电子工业出版社，2003.

[7] 特伯思等.电子商务管理视角 [M].严建援等，译.北京：机械工业出版社，2007.

[8] 周三多.管理学 [M].北京：高等教育出版社，2007.

[9] 娄策群.信息管理学基础 [M].北京：科学出版社，2009.

[10] 赵守香，王雯.企业信息化 [M].北京：清华大学出版社，2008.

[11] 黄敏学.企业电子商务 [M].武汉：武汉大学出版社，2001.

[12] 章学拯.电子商务 [M].上海：上海人民出版社，2001.

[13] 甘早斌.电子商务概论 [M].武汉：华中科技大学出版社，2000.

[14] 冯科，何理.互联网消费金融的创新 [J].中国金融，2016（11）：32-34.

[15] 王晋之，胡滨.互联网消费信贷风险分析与应对 [J].金融与经济，2017（3）：41-45.

[16] 王长英.我国农村电子商务的现状及发展策略 [J].中国市场，2017（15）：288-289.

[17] 伍政.农村电子商务的发展思路与优化策略 [J].经营管理者，2016（16）：295.

[18] 陈哲谦.农村电子商务发展面临的问题与应对策略 [J].科技创新导报，2016，13（18）：108-110，112.

[19] 罗达强.发展农村电子商务策略刍议 [J].现代经济信息，2016（19）：294，296.